Luciano Tronchin

IL SIMBOLICO E L'IMMAGINARIO DEI QUATTRO ELEMENTI

Istituto Biocentrico

Luciano Tronchin, Il simbolico e l'immaginario dei quattro elementi
©Copyright Istituto Biocentrico, Venezia, 2009
ISBN 978-1-4092-9882-3

In copertina: Rappresentazione delle categorie del mondo naturale secondo Aristotele e delle possibili trasformazioni che in esso avvengono. Sono rappresentati i **quattro elementi** di Aristotele: **fuoco** (IGNIS), **aria** (AER), **acqua** (AQUA), **terra** (TERRA).
G.W.Leibniz in Dissertatio de arte combinatoria, 1666

Per contattare l'autore: info@biointegrazione.it
Sito Internet: www.biointegrazione.it

"La Vita al centro: dalla Biologia alle Neuroscienze, dalla Medicina alla Psicologia, dall'Antropologia all'Etologia, dalla Filosofia alla Clinica, dalle arti creative ed espressive, quali la Letteratura, la Poesia, la Pittura e la Scultura, la Musica e la Danza, alla riflessione sull'ineffabile Essenza trascendente della Vita nell'Universo. Sarà questo il nuovo orizzonte integrato tra occidente ed oriente nella visione olistica unificata della ricerca e della conoscenza in questo nuovo millennio".

Istituto Biocentrico-Centro Biodanza
Associazione Italiana Cultura e Sport
Via dello Squero, 70
30172 Mestre-Venezia

INDICE

Introduzione

Il simbolismo archetipico dei quattro elementi permette un approccio estremamente suggestivo e nel contempo profondo alla trasformazione della nostra identità, collegata alla dimensione corporea.

Incorporare gli elementi significa in realtà collocare la loro forza dentro di noi ed iniziare un processo di cambiamento interiore, di ricerca del nostro equilibrio organico, emozionale, esistenziale.

L'integrazione al nostro interno degli elementi di cui siamo carenti o il riequilibrio degli elementi in eccesso è inoltre un processo di riequilibrio generale all'interno del nostro psichismo.

Ad esempio la terra è un simbolo archetipico che ci collega con il lavoro, la ricchezza, gli alimenti, l'abbondanza, la sessualità, il denaro, la maternità, il nutrimento. L'aria è un simbolo legato ai sogni, evoca l'archetipo dell'angelo interiore che alberga in noi, etereo, leggero, luminoso, messaggero di pienezza; essa evoca in noi il volo, il contemplare le cose dall'alto, il passaggio ad una dimensione sottile, spirituale, dove aleggia lo spirito divino. L'acqua è il simbolo della purezza, della fecondità, dell'origine della vita, degli istinti profondi, della dimensione inconscia, dello svolgersi del percorso esistenziale. Il fuoco simboleggia il calore dell'intimità, la forza creativa ed affettiva ma anche distruttrice che brucia ed incendia, la passione sfrenata.

Gaston Bachelard associa i tipi psicologici agli elementi primordiali: acqua, aria, terra e fuoco e lo fa utilizzando il linguaggio letterario, la narrazione poetica, che egli attribuisce allo stato di rêverie che si prova quando si sogna. Egli afferma: "Crediamo, infatti, che nel regno

1

dell'immaginazione sia possibile stabilire una legge dei quattro elementi che classifichi le diverse immaginazioni materiali secondo che esse si riferiscano al fuoco, all'aria, all'acqua o alla terra". (G. Bachelard, *Psicoanalisi delle acque*, p. 10).

Esisterebbe quindi una dimensione propriamente immaginaria del sogno: non è indifferente che una certa immagine dia corpo a un certo significato, che la sessualità sia acqua o fuoco, che nella dimensione onirica l'aspetto repressivo legato al paterno sia rappresentato un demone delle profondità della terra, o altresì l'aspetto luminoso alla potenza solare.

La terra è invece simbolo della femminilità, è la madre, è la donna che custodisce nel proprio ventre il seme e lo feconda generando la vita. Nel suo significato più vasto la terra si riconduce all'archetipo della Grande Madre, che riunisce tutti gli aspetti della donna. Nel sogno la terra può apparire fertile o arida, il che rimanda ad una fertilità o ad una aridità dell'individuo.

Gaston Bachelard descrive in "Psicoanalisi dell'aria", i sogni aerei, facendo riferimento in particolare a quelli che hanno a che fare con il volo e con la caduta. Per quanto riguarda i sogni di volo, egli afferma: "... la psicoanalisi non dice tutto quando insiste sul carattere libidinoso del volo onirico.

Il volo onirico ha bisogno, come tutti i simboli psicologici, di più interpretazioni: un'interpretazione passionale, un'interpretazione estetizzante, un'interpretazione razionale ed oggettiva" (G. Bachelard, *Psicoanalisi dell'aria*, p. 7). Infatti, il sogno di volare, soggiace alla dialettica della leggerezza e della pesantezza, contiene due aspetti contrapposti: è al tempo stesso il volo leggero e il volo pesante. Attorno a questi caratteri ruotano tutte le

2

dialettiche della gioia e del dolore, dello slancio e della fatica, dell'attività e della passività, della speranza e del rimpianto, del bene e del male. L'aria è simbolo del mondo delle idee, della ragione, dell'intelletto, dello spirito.

Si può quindi affermare che ognuno di noi ha un elemento primordiale che tra l'altro è ricorrente nei sogni. Ad esempio alcune persone fanno sogni in cui l'acqua è un elemento distintivo. Dunque, che cosa rappresenta l'acqua? Secondo Jung: "Da un punto di vista psicologico l'acqua è lo spirito divenuto inconscio" (C.G. Jung, *Gli archetipi e l'inconscio collettivo*, p. 682)

L'Acqua come simbolo dell'inconscio ha origine nell'oscurità. Sgorga dal seno della terra o della roccia nascosta. Come l'energia inconscia, attraversa i paesaggi dell'anima con piccoli e grandi corsi d'acqua; divenuta oceano si estende all'infinito.

Entrare nelle acque ci fa allentare la presa sulle cose, ci consente di mollare le fissazioni irrinunciabili cui ci si teneva aggrappati. Le "acque" nelle quali ci si immerge possono essere come un nuovo ambiente che ci avvolge e che ci può sostenere, ma anche risucchiare nelle sue profondità. L'acqua può essere vissuta anche come una nuova relazione sessuale in cui il corpo nudo è immerso, un fiume che ci trasporta scorrendo via veloce o sul quale si può galleggiare con la sensazione di un sostegno profondo e mobile.

L'acqua è strettamente legata all'origine stessa dell'esistenza, al corso della vita e della morte. Mircea Eliade afferma che la ritroviamo in ogni ambito religioso: qui l'acqua conserva sempre la sua funzione, in quanto dissolve ed annulla le forme, monda dal peccato, è al tempo stesso purificatrice e generatrice. (M. Eliade, *Trattato di storia delle religioni*, p. 64)

Come simbolo dell'inconscio, l'acqua può presentarsi, proprio come nella realtà, anche sotto l'aspetto di un elemento pericoloso quando oltrepassa i suoi limiti, quando l'equilibrio degli elementi è rotto. Ad esempio il sognatore corre il pericolo di venire allagato dall'inconscio. Un allagamento del genere può estendersi, invadere tutto il nostro paesaggio psichico. Dovunque un sentimento è diventato troppo potente, il suo eccesso e il suo carattere pericoloso possono essere raffigurati dall'allagamento. Diluvi di questo genere esistono e l'arca dello spirito può ritenersi fortunata di potersi rifugiare in qualche posto fintanto che le acque dell'inconscio abbiano riguadagnato le loro profondità.

Inoltre l'acqua può essere una forza tremendamente distruttiva, se suscitata da una tempesta o quando un fiume in piena rompe gli argini; perciò può essere l'espressione simbolica dell'orrore e del caos, ma anche del benessere e della pace.

Infine il fuoco: dal punto di vista simbolico ci affascina per certe caratteristiche. Esso rappresenta la vitalità: cambia continuamente, si muove in continuazione, eppure è nel contempo stabile; rimane sempre lo stesso pur senza essere lo stesso. Dà una sensazione di potenza, di energia, di grazia e di leggerezza; è come se danzasse e racchiudesse in sé un'inesauribile sorgente di energia. Come simbolo esprime l'esperienza interiore caratterizzata da quegli stessi elementi che notiamo nell'esperienza sensoriale: l'energia, la leggerezza, il movimento, la grazia, ma anche la forza impetuosa delle passioni istintive che bruciano il nostro animo, la sessualità travolgente che accende i nostri sensi. E come un fuoco non contenuto ha il potere distruttivo di provocare incendi ed incenerire ciò che trova nel suo cammino, così un fuoco eccessivo all'interno del nostro psichismo rischia di bruciarci, soprattutto quando esso si combina con l'elemento aria che può essere dentro noi e nel nostro partner.

Questo lavoro traccia una sintesi delle indagini condotte, alla luce del pensiero junghiano, da Gaston Bachelard e delle sue ricerche di filosofo nonché conoscitore della psicanalisi Jung sul tema del simbolico e dell'immaginario dei quattro elementi.

La parte finale ospita anche un contributo esemplificativo di un lavoro da me condotto con questi strumenti, che, pur non volendo avere una valenza scientifica dato il numero limitato di casi su cui è stato condotto, è tuttavia significativo dal punto di vista clinico.

Luciano Tronchin

Capitolo 1.
Breve biografia di Gaston Bachelard.

Gaston Bachelard nacque nel 1884 a Bar sur Aube, nella Basse Champagne.

La sua era una modesta famiglia di calzolai e vignaioli; completati gli studi con il conseguimento del baccalaureato, nel 1903 partecipò per necessità ad un regolare concorso dell'Amministrazione delle poste e telegrafi, presso cui fu assunto e lavorò per dieci anni, con una interruzione dal 1905 al 1907, per assolvere agli obblighi militari.

Unitamente al lavoro, ridotto a metà giornata negli ultimi anni, seguì i corsi di matematica conseguendo nel 1912 la *licence* (laurea) in questa disciplina. Dal 1914 al 1919 prese parte alla prima guerra mondiale e al rientro intraprese la professione di insegnante di fisica e scienze naturali al *Collège* di Bar sur Aube che mantenne fino al 1928.

Nel corso dell'insegnamento iniziò gli studi di filosofia, conclusi con il conseguimento della laurea a Digione nel 1920 e nel 1927 il dottorato in lettere alla Sorbona.

Nel 1928 fu incaricato di svolgere un corso complementare di filosofia all'Università di Digione, ove restò come ordinario dal 1930 al 1940, allorché passò alla Sorbona, succedendo a Rey nella cattedra di Storia e filosofia della scienza che tenne fino al pensionamento avvenuto nel 1954. Ottenne due alte onorificenze: nel 1955 venne eletto membro dell'*Académie des Sciences morales et politiques* e nel 1961 gli venne assegnato il *Grand Prix national des lettres*.

Morì a Parigi nel 1962 all'età di 98 anni.

Capitolo 2.
Caratteristiche generali dell'opera di Gaston Bachelard.
Gaston Bachelard è stato filosofo e critico delle scienze, di cui ha indagato i metodi ed i fondamenti, ma è stato ugualmente attento al mondo della poesia e dell'immaginario.

Il pensiero di Gaston Bachelard, pensatore molto originale, si radica in una triplice tradizione:

1) la scienza contemporanea (quella della prima metà del XX secolo) che ha svegliato l'interesse appassionato e provocato la riflessione di Bachelard, professore di fisica;

2) la psicologia di Carl Gustav Jung, cui Bachelard deve molto, che aveva proposto una nozione molto importante, quella di inconscio collettivo, che ha certamente arricchito la "psicanalisi della conoscenza" praticata da Bachelard;

3) infine, Bachelard è stato influenzato da vari poeti e scrittori, ai quali ha dedicato molti studi.

Bachelard ha analizzato le condizioni della conoscenza scientifica e sostenuto che questa progredisce essenzialmente da una vittoria sugli "ostacoli epistemologici" costitutivi di questa conoscenza; in tal senso per superare fino in fondo questi ostacoli, secondo Bachelard, bisogna psicoanalizzare la nostra ragione.

I concetti fondamentali di Bachelard sono i seguenti:

- quello di *ostacolo epistemologico*, concepito come uno sbarramento alla conoscenza scientifica, ostacolo che riguarda il sapere stesso, e non solo le difficoltà legate all'oggetto della conoscenza;

- quello di *rottura epistemologica*, ossia rottura metodologica, cambiamento di teorie e metodi all'interno della scienza;

7

- quello di *psicanalisi dello spirito scientifico*, e cioè ricerca e analisi dei valori e delle proiezioni inconscie della nostra mente che ostacolano il sapere;
- quello di "*razionalismo applicato*", ovvero un centro attivo in cui si scambiano le verità della ragione e le verità dell'esperienza: la ragione si costruisce dialogando con l'esperienza ed applicandosi ad essa.

Gaston Bachelard estende la sua investigazione tanto nella Filosofia come nell'Epistemologia e nelle Scienze Psicologiche. L'opera di Bachelard ha tutte le caratteristiche della produzione intellettuale francese: razionalismo, erudizione, ampiezza e versatilità estetica, originalità, profondità, ironia sottile, atteggiamento polemico, e, come tutti i commentatori segnalano, la dualità. Egli infatti abbracciò un'ampia gamma di discipline e tematiche, tra due grandi filoni opposti che sconcertano i posteri: le sue opere scientifiche e le sue opere letterarie, la sua epistemologia e la sua poetica. Ma questa dualità non è tale se, sotto la varietà sappiamo cogliere l'unità della concezione filosofica e metafisica di Bachelard.

L'opera di questo autore è polifonica e politematica e riunisce strettamente le considerazioni scientifiche, filosofiche, psicologiche, culturali, etiche, poetiche, ecc. Si caratterizza anche per il suo distaccarsi sia dal positivismo sia dallo spiritualismo, che egli evidenzia ne "La formazione dello spirito scientifico" ma che non si incentra nella semplice critica al positivismo ed alle filosofie idealiste, bensì nello sviluppo di una posizione originale e propria. Questa differenza di atteggiamento costituisce, a mio avviso, la peculiarità e l'attrattiva dell'opera di Bachelard.

Tra le sue opere più importanti, ricordiamo:

- *Le nouvel esprit scientifique* (1934), (*Il nuovo spirito scientifico*);
- *La formation de l'esprit scientifique* (1938), (*La formazione dello spirito scientifico*);
- *La philosophie du non* (1940), (*La filosofia del non*);
- *L'eau et les rêves* (1942), (L'acqua e ... (rêve in italiano si può mal tradurre con "fantasticheria" o "sogno": l'opera sarà pubblicata in traduzione italiana da Red Edizioni con il titolo di "*Psicanalisi delle acque*");
- *La terre et les rêveries du repos* (1946), (La terra e les rêveries del riposo, che sarà pubblicata in traduzione italiana da Red Edizioni con il titolo di "*La terra e il riposo, le immagini dell'intimità*");
- *La terre et les rêveries de la volonté* (1948), (La terra e les rêveries della volontà, che sarà pubblicata in traduzione italiana da Red Edizioni con il titolo di "*La terra e le forze, le immagini della volontà*");
- *L'activité rationaliste de la physique contemporaine* (1951), (*L'attività razionalista della fisica contemporanea*);
- *La Flamme d'une chandelle* (1961), (*La Fiamma di una candela*).

Capitolo 3.
Filosofia, scienza ed epistemologia.

Bachelard, filosofo autodidatta, riflette su cosa sia la filosofia considerandola all'interno della pratica e dell'insegnamento della storia delle scienze. Egli rompe effettivamente con lo spiritualismo, la forma allora dominante dell'idealismo francese. Le sue posizioni e tesi sulle scienze e la loro relazione con la tecnica, sulla base delle nuove geometrie non euclidee, della meccanica quantistica, della fisica della relatività, dell'aritmetica non pitagorica, costituiscono una nuova interpretazione della conoscenza scientifica nell'ambito della complessità, di una scienza che ha abbandonato l'ideale cartesiano. Tali questioni sono centrali nella sua riflessione, anche se esse già dominavano il dibattito scientifico del suo tempo. Per questo egli non è in assoluto un creatore di questo nuovo orizzonte conoscitivo: semplicemente lo riprende e gli dà portata filosofica e proiezione epistemologica, ma mantenendosi all'interno della grande corrente del razionalismo francese. Bachelard considera le filosofie tradizionali, e per estensione la produzione filosofica in generale, indietro rispetto alla produzione scientifica. La concezione di queste filosofie è immobilista nel pensiero, e non tiene conto dell'effetto delle nuove conoscenze scientifiche sulla nuova struttura del pensiero che grazie ad esse si afferma nel Novecento. Non solo, questa visione filosofica si trasforma in ostacolo alla conoscenza razionale. Bachelard respinge, pertanto, la giurisdizione della filosofia sulle scienze; ciò significa che egli cambia campo filosofico, abbandonando il terreno delle filosofie idealistiche e le teorie della conoscenza che sono loro proprie.

Il principio teorico preciso e profondo dell'indagine di Bachelard non proviene allora dal campo filosofico bensì dalla concreta storia delle scienze, tuttavia ciò non implica un'anti-filosofia, bensì, secondo il pensiero di Bachelard, il progetto di costituire una filosofia adeguata alle scienze contemporanee e di dare alla scienza la filosofia che si merita. La storia delle scienze non è evolutiva né cumulativa, procede per salti, mutazioni, "rotture" e contraddice la verità delle filosofie chiuse che sono smentite sempre dal progresso scientifico.

Questo non porta tuttavia Bachelard al relativismo, ma la sua visione del progresso scientifico enfatizza i momenti di errore, i fallimenti ed i dubbi che caratterizzano la concezione di un pensiero che egli pretende sia aperto. Questa è la sua interpretazione delle "rivoluzioni scientifiche", dalle quali si dovrebbero estrarre degli "insegnamenti", un insieme di tesi, la prima e più importante delle quali è quella dell'obiettività che costituisce il presupposto della sua analisi sia nella fisica come nella chimica, associata alla nozione di "valore epistemologico". In virtù di esse, la filosofia della cultura scientifica deve accettare la riorganizzazione permanente della conoscenza che le verità scientifiche producono, poiché queste danno garanzia di razionalità ed obiettività in virtù della loro propria ed autonoma dinamica.

Questa tesi è rivoluzionaria in quanto l'obiettività delle conoscenze è pensata come fondamento della verità, definita come accordo della mente, della materia e della conoscenza. Lo sviluppo sistematico di questo aspetto costituisce il "contenuto" della teoria della conoscenza di Bachelard, in rottura con le filosofie idealistiche moderne. La sua tesi è che le scienze producono verità, accettabili grazie ai loro metodi di convalida che non possono essere impugnati dalle filosofie idealistiche con argomenti generali finalistici; la verità scientifica può essere considerata "assoluta" non nel senso di un punto finale di approdo, bensì sempre come prodotto di tappe in un processo di crescente avvicinamento, approsimazione probabilistica. La scienza, a differenza della filosofia, si accresce incessantemente con nuove verità, in un processo senza fine.

In questa caratterizzazione, chiaramente dialettica ed oggettiva, del processo scientifico, Bachelard dedica la sua attenzione alla psicologia dell'individuo produttore di conoscenza, tema privilegiato de "La formazione dello spirito scientifico" e ricorrente nella sua opera. Egli indaga la resistenza che le componenti idealistiche che persistono nel pensiero oppongono alle tesi materialiste e scientifiche: l'individuazione dei valori, delle idee dell'individuo produttore di scienza, forniscono una spiegazione psicologica del processo della conoscenza scientifica.

Ecco così l'insistenza di Bachelard ad aprire all'ambito razionale della ragione ma per superarla, la necessità di allacciare questo razionalismo aperto con le istanze psichiche sempre presenti nel processo conoscitivo del ricercatore e dello scienziato.

Vi sono numerose corrispondenze tra tutte le opere di Bachelard che mostrano un centro attivo del suo pensiero, che è la sua riflessione sul tempo. Le sue tesi sulle rotture operate nella storia dello spirito scientifico dalla cultura del Novecento e le tesi sui ricorsi della storia stanno in relazione diretta con quelle della natura discontinua del tempo, l'istante "innovatore", il "tempo verticale" opposto al tempo orizzontale, che è il tempo dello spirito. È dunque nelle concezioni sul tempo dove bisogna cercare la chiave di una comprensione di questa idea di "rottura" di Bachelard.

Questo non solamente nella questione della continuità o discontinuità del tempo, ma anche in quella della sua obiettività, poiché la prova della discontinuità risiederà essenzialmente nella soggettività: il tempo come manifestazione della cosa reale, come unica ed assoluta identità totale tra l'istante presente e la cosa reale.

In relazione con questo Bachelard sostiene argomenti per sviluppare una concezione dell'attività spirituale dell'uomo, una nuova metafisica concepita:

1) in un asse temporaneo verticale (teoria dell'istante assolutamente puntiforme);

2) assolutamente liberata da ogni condizionamento materiale, storico, sociale. Il suo interesse per le "causalità spirituali" chiariscono il suo sforzo per costituire una "psicologia dello spirito scientifico".

La nuova metafisica di Bachelard, contiene la sua propria filosofia dei valori: poichè la ragione e l'immaginazione possiedono forme organizzatrici della materia, dalla quale tuttavia trascendono, e che possiedono un dinamismo autonomo, esse tonificano lo psichismo. Sono allora i valori della cultura scientifica e della cultura poetica, in costante evoluzione dialettica, i valori della conoscenza. In questo modo egli si allontana tanto dai razionalisti perché parla di una fenomenologia dell'anima come dagli spiritualisti per la sua insistenza nel razionalismo scientifico.

Ed a questo punto Bachelard propone l'uso della psicoanalisi come attrezzo concettuale funzionale alla sua indagine, attraverso la nozione di ostacolo epistemologico.

Capitolo 4.
La nozione di ostacolo epistemologico
Per investigare le condizioni psicologiche del progresso della scienza, bisogna esporre il problema della conoscenza scientifica in termini di ostacoli che non sono ostacoli esterni e che chiameremo ostacoli epistemologici.

Si conosce contro una conoscenza anteriore, distruggendo cattive conoscenze già acquisite o superando quello che, nello spirito scientifico stesso, ostacola la conoscenza.

Secondo il ragionamento di Bachelard, non si può partire da zero per fondare o accrescere le conoscenze: di fronte alla cosa reale, quello che si crede di sapere offusca quello che si dovrebbe sapere. Quando si presenta davanti alla cultura scientifica, lo spirito non è mai giovane ma è molto vecchio perché ha l'età dei suoi pregiudizi.

Avere accesso alla scienza è ringiovanire spiritualmente, è accettare una mutazione brusca che deve contraddire il passato. La scienza si oppone in assoluto all'opinione: se in alcune questioni particolari deve legittimare l'opinione, lo fa per ragioni diverse da quelle su cui si basa l'opinione. L'opinione pensa male anzi non pensa; traduce necessità in conoscenze. Designando gli oggetti per la loro utilità, proibisce di conoscerli. Niente può fondarsi sull'opinione: essa è il primo ostacolo da superare.

Per lo spirito scientifico ogni conoscenza è una risposta ad una domanda. Se non c'è stata domanda, non può esserci conoscenza scientifica. Niente è spontaneo. Niente è dato. Tutto si costruisce.

Bachelard capisce qui le resistenze poste dagli ostacoli epistemologici, e riferite fondamentalmente alla conoscenza empirica. In una maniera molto chiara, si può riconoscere che l'idea scientifica si carica di un concreto psicologico che essa impasta con un numero eccessivo di analogie, immagini, metafore, e che a poco a poco le fanno perdere il suo vettore di astrazione, la sua affilata punta astratta. E'cadere in un vano ottimismo pensare che il sapere si costruisce automaticamente, e che l'intelligenza, sanzionata da successi precoci o da semplici concorsi universitari, si capitalizza come una ricchezza materiale. Attraverso le rivoluzioni spirituali che esige l'indagine scientifica, l'uomo si trasforma in una specie mutante che non ha bisogno solo di mutare, ma soffre se non cambia. La modificazione psichica che implica la comprensione di dottrine come la teoria della relatività o la meccanica ondulatoria, tenendo conto della solidità della scienza pre-relativista, è un buon esempio di ciò.

Di fronte ad un'esperienza ben determinata, lo spirito scientifico non si sente mai paralizzato al variare delle condizioni, sa uscire dalla contemplazione della cosa stessa e cercare di dialettizzare l'esperienza. In tutte le scienze rigorose, un pensiero scientifico diffida più o meno delle identità apparenti, per reclamare incessantemente maggiore precisione, maggiori occasioni di distinguere, precisare, rettificare, diversificare.

L'epistemologo, dice Bachelard, deve sforzarsi di captare i concetti scientifici in sintesi psicologiche progressive, stabilendo rispetto ad ogni nozione una scala di concetti, mostrando come uno ne produce un altro, come si vincolano tra loro. Ciò permette di apprezzare l'efficacia epistemologica, l'ostacolo superato.

Anche nell'educazione, dice criticamente Bachelard mettendo a frutto la sua passata esperienza di insegnante di liceo, la nozione di ostacolo pedagogico è altrettanto sconosciuta. Frequentemente, i professori di scienze, ancora più che gli altri, non comprendono che non si capisca e sono pochi quelli che hanno sondato la psicologia dell'errore, dell'ignoranza, dell'irriflessione. Non si sono resi conto che l'adolescente arriva già al corso di Fisica con conoscenze empiriche costituite; non si tratta di acquisire una cultura sperimentale, bensì di cambiare una cultura sperimentale, di abbattere gli ostacoli accumulati nella vita quotidiana.

Ad esempio l'equilibrio dei corpi galleggianti è l'oggetto di un'intuizione familiare tutta intessuta di errori. In un modo più o meno preciso, si attribuisce un'attività al corpo che galleggia, o meglio al corpo che *nuota*. Se con la mano si cerca di far affondare nell'acqua un pezzo di legno, questo resiste; ma tale resistenza non la si attribuisce facilmente all'acqua. Di conseguenza, è piuttosto difficile far capire il principio di Archimede nella sua sorprendente semplicità matematica, se non si è prima criticato e disorganizzato l'impuro complesso delle intuizioni primitive. In particolare, senza una tale psicanalisi degli errori iniziali, non si riuscirà mai a far capire che il corpo che emerge e il corpo completamente immerso obbediscono alla medesima legge.

Capitolo 5.
L'esperienza scientifica
Bachelard afferma che l'esperienza scientifica è, innanzitutto, un'esperienza che contraddice l'esperienza comune, la quale è in realtà fatta di osservazioni giustapposte, e per ciò non può essere effettivamente verificata e quindi non può darci una legge.

Risulta allora evidente che la scienza ha stabilito un vincolo continuo tra l'osservazione e la sperimentazione, ma nella ricerca scientifica la sperimentazione deve allontanarsi dalle condizioni ordinarie dell'osservazione.

Questa distanza conduce ad una critica razionale dell'esperienza, relativamente alla sua organizzazione teorica. Un tale metodo di critica esige un atteggiamento d'attesa, tanto prudente di fronte alla cosa conosciuta come di fronte alla cosa ignorata, sempre in guardia contro le conoscenze familiari, e critico verso le verità consolidate.

La prospettiva di errori continuamente rettificati è quella che caratterizza il pensiero scientifico. Un'ipotesi scientifica che non solleva nessuna contraddizione non è lontano dall'essere un'ipotesi inutile.

L'interpretazione razionale è sempre quella che colloca i fatti nel loro posto esatto. È sull'asse esperienza-ragione, nel senso della razionalizzazione, dove si trovano contemporaneamente il rischio ed il successo.

Potremmo criticare la sopravalutazione della ragione e contemporaneamente la sottovalutazione del pensiero simbolico.

Ma dobbiamo cogliere il valore di insegnamento metodologico di una razionalità ben impiegata, alla quale la conoscenza scientifica aspira sempre, e che gli è caratteristica in opposizione ad altri tipi di conoscenza.

Bachelard traccia un procedimento che va dall'esperienza all'astrazione, il cui primo passo è il passaggio alla "schematizzazione", primo compito su cui si fonda lo spirito scientifico, a metà tra la cosa concreta e la cosa astratta e nel quale si possono conciliare le leggi coi fatti. Per esempio, mettere in serie, ordinare, gli avvenimenti decisivi di un'esperienza.

Ma questo compito di "schematizzazione" finisce sempre per rivelarsi insufficiente; questa prima rappresentazione, motivata da un realismo ingenuo rivela i legami con le rappresentazioni familiari, evidenziando la necessità di lavorare più sotto, nel livello delle relazioni essenziali che sostengono i fenomeni. Il pensiero scientifico è allora trascinato verso "costruzioni" più metaforiche che reali, verso "spazi di configurazione".

Ed allora, dato che la cosa concreta è analizzata attraverso la sua idea astratta, l'astrazione sarebbe la naturale e feconda direzione dello spirito scientifico. L'astrazione sgombra lo spirito, l'alleggerisce, lo dinamizza, è effettivamente per Bachelard un valore culturale.

A sua volta, il processo di astrazione non è uniforme, non ottiene il suo obiettivo in una sola volta, è esposto a difficoltà. Queste difficoltà od ostacoli epistemologici si possono studiare non solo nello sviluppo storico del pensiero scientifico ma anche nella pratica del suo insegnamento.

Il sottotitolo di *"La formazione dello spirito scientifico"*: *"Contributo ad una psicoanalisi della conoscenza obiettiva"* segnala la finalità dell'opera che è analizzare, per superarli, gli ostacoli che le forze psichiche oppongono alla conoscenza scientifica.

Bachelard li esemplifica largamente e con gran erudizione durante la sequenza storica: stato prescientifico (fino al

18

secolo XVIII), stato scientifico (fino alla teoria della relatività ed altre teorie rivoluzionarie della fisica), era del nuovo spirito scientifico. Si osserva un'evoluzione psicologica che ha permesso l'avanzamento della scienza superando questi ostacoli, tuttavia essi sono sempre presenti, o per meglio dire nell'uomo nuovo rimangono le vestigia dell'uomo vecchio ed in noi il secolo XVIII continua la sua vita in sordina, come testimonia la metafora dell'avarizia dell'uomo colto che rumina incessantemente le stesse conoscenze, diventando come ogni avaro, vittima dell'oro accarezzato.

Ogni sapere scientifico deve essere, in ogni momento, ricostruito; in tutte le questioni, per tutti i fenomeni è necessario passar prima di tutto dall'immagine alla forma geometrica e poi dalla forma geometrica alla forma astratta, e ripercorrere il cammino psicologico del pensiero scientifico.

Fino a qui Bachelard non parla di ostacoli alla conoscenza obiettiva che sono psicologici e che si possono rintracciare nel processo di costruzione della conoscenza tanto storica come individuale. Lo spirito scientifico per Bachelard contempla l'uso peculiare della psicoanalisi. Risulta chiaro che ciò permette la riflessione sulle tendenze comuni nel lavoro intellettuale e che contemporaneamente lo pregiudicano. Sebbene oggi ci esprimiamo in un altro linguaggio, sebbene disponiamo di concetti psicologici più precisi, non smette di essere interessante ed attraente la riflessione sugli atteggiamenti inconsci che Bachelard ci presenta.

L'aspetto affettivo connesso alla conoscenza intellettuale è un elemento di indagine che solo successivamente sarà posto all'attenzione della riflessione psicologica e Bachelard sembra anticiparlo.

Secondo Bachelard c'è una specie di legge dei tre stati dello spirito scientifico:

"1) lo *stato concreto*, dove lo spirito si diverte con le prime immagini del fenomeno e si basa su una letteratura filosofica che esalta la natura, cantando stranamente insieme l'unità del mondo e la sua ricca diversità;

2) lo *stato concreto-astratto*, dove lo spirito aggiunge degli schemi geometrici all'esperienza fisica e si basa su una filosofia della semplicità. Lo spirito, però, si trova ancora in una situazione paradossale: è tanto più sicuro della sua astrazione quanto più tale astrazione è chiaramente rappresentata da un'intuizione sensibile;

3) lo *stato astratto*, dove lo spirito mette in atto informazioni volontariamente sottratte all'intuizione dello spazio reale, volutamente separate dall'esperienza reale e persino apertamente in polemica con la realtà primitiva, sempre impura e sempre informe". (Cfr.: G. Bachelard, *La formazione dello spirito scientifico*, p.5)

Alla legge dei tre stati dello spirito scientifico corrisponde una specie di legge dei tre stati dell'anima, caratterizzati da interessi che costituiscono in un certo modo la sua base affettiva, e che una psicoanalisi della cultura oggettiva deve evidenziare.

Vediamo quali sono le anime che descrive ironicamente Bachelard, e che troviamo, a conferma, nei nostri alunni, nell'opinione pubblica, ed ovviamente, è amaro riconoscerlo, negli stessi insegnanti, magari in noi in primo luogo:

"1) *anima puerile o mondana*, animata da una curiosità ingenua, colpita dallo stupore di fronte al più piccolo fenomeno strumentale; anima che si diletta con la fisica per distrarsi e per avere un pretesto per assumere un atteggiamento serio, e che accoglie, come un collezionista, qualsiasi occasione gli si presenti, passiva fino alla felicità di pensare;

2) *anima professorale*, fiera del suo dogmatismo, immobile nella sua prima astrazione, basata per sempre sui successi scolastici della sua giovinezza; anima che ripete ogni anno il suo sapere, che impone le sue dimostrazioni, rivolta solo all'interesse deduttivo, sostegno comodo dell'autorità, e che dà insegnamenti al suo domestico, come fa Descartes, o al borghese qualunque, come fa l'abilitato dell'Università;

3) infine, l'*anima nello sforzo di astrarre e di quintessenziare*, coscienza scientifica dolorosa, consegnata agli interessi induttivi che sono sempre imperfetti e che gioca il gioco pericoloso del pensiero senza uno stabile sostegno sperimentale; disturbata in ogni momento dalle obiezioni della ragione, essa mette costantemente in dubbio il diritto particolare all'astrazione, ma è altrettanto certa che l'astrazione sia un dovere, il dovere scientifico, il possesso infine purificato del pensiero del mondo !" (Cfr.: G. Bachelard, *La formazione dello spirito scientifico*, p.6)

Il compito della filosofia scientifica è qui ben delineato da Bachelard: psicanalizzare l'interesse, distruggere ogni utilitarismo, per quanto mascherato ed elevato pretenda di essere.

Ma lo spirito scientifico necessita anche, soprattutto nella nostra epoca, di essere difeso. Deve chiaramente tornare cosciente ed attivo il piacere dell'eccitazione spirituale nella scoperta della verità. L'amore per la scienza deve avere un dinamismo psichico autogeno. Nello stato di purezza che deriva da una psicoanalisi della conoscenza obiettiva, la scienza è l'estetica dell'intelligenza.

Capitolo 6.
Psicoanalisi della conoscenza obiettiva
Scritta nel 1938, "*La formazione dello spirito scientifico*"
costituisce, come recita il sottotitolo, un "*Contributo a una
psicoanalisi della conoscenza oggettiva*" che permetta di
cogliere i processi che determinano la conoscenza
razionale nella struttura psicologica dell'individuo, in
corrispondenza con lo sviluppo storico e la costituzione
della conoscenza scientifica.

Il carattere metodologicamente innovativo dell'opera è
relativo alla funzione dell'epistemologia in rapporto alla
psicoanalisi: Bachelard sostiene una "teoria
dell'interferenza" tra epistemologia e psicologia. La "teoria
dell'interferenza" assume soprattutto un valore
metodologico, perché consente di avvicinare due forme di
sapere in via di costituzione: la psicoanalisi e
l'epistemologia, della quale Bachelard è il primo grande
testimone in Francia.

In Bachelard il sapere psicoanalitico fluidifica il rapporto
tra psicologia ed epistemologia sia attraverso un costante
riferimento all'asse storico, sia con lo strumento di una
dialettica aperta. Bisogna rintracciare le radici psicologiche
della logica scientifica nei modi di formazione della
razionalità stessa, al fine di permettere una "purificazione"
dell'attività razionale ed una "recinzione" delle pulsioni
inconsce che operano sulla conoscenza oggettiva.

Questa attenzione alla miscela tra sapere scientifico e
pregiudizi, permetterà a Bachelard di individuare la
biforcazione tra il "giorno" della razionalità lucida e
rigorosa e la "notte" della "reverie", del vasto continente
dell'immaginario. Lo scandaglio nelle profondità
irrazionali della psiche serve a "depurare" la razionalità
scientifica distinguendo nettamente lo spazio della

22

"reverie" da quello della ragione. In una bella immagine Bachelard descrive una "filosofia diurna" degli scienziati che è quella che guida i loro lavori di laboratorio, ed una "filosofia notturna" che è quella che appare sotto la forma di ostacoli, che Bachelard definisce epistemologici
Questa "filosofia notturna" non è autonoma, ma ubbidisce ad interessi che le sono esterni. Egli notò chiaramente questa realtà della pratica della scienza e cercò la sua spiegazione attraverso la psicoanalisi.
Ma Bachelard si riferisce alla psicoanalisi in maniera non ortodossa, al fine di rischiarare il tema degli ostacoli epistemologici, e man mano che avanzò nella sua "poetica", coi suoi studi sull'immaginazione letteraria, si distanziò dalle tesi psicoanalitiche fino al punto da arrivare a criticarle apertamente per adottare l'ottica fenomenologica.
Quando si allontana dalla psicoanalisi e ne respinge le tesi, conserva tuttavia l'idea della necessità di una "psicoanalisi della conoscenza obiettiva".
Nell'ultimo approdo dell'evoluzione del suo pensiero, la ricerca di Bachelard si sposta verso lo sviluppo di una metafisica dell'immaginazione, attraverso la sua "poetica" con cui egli mise in discussione lo psicologismo e l'organicismo della psicologia, andando oltre il determinismo psichico ed il soggettivismo propri della stessa psicologia. Critiche appoggiate da una teoria decisamente non soggettiva, non psicologica, una teoria dell'immaginazione o, per usare i termini di Bachelard, una metafisica dell'immaginazione.

Capitolo 7.
L'immaginazione materiale secondo Bachelard

Bachelard, prima di definire cosa sia l'immaginazione e l'immagine stessa, si chiede qual'è la nostra comprensione delle immagini.

L'impulso immaginativo è tanto fondamentale quanto il nostro desiderio per la conoscenza obiettiva, ma è la legge del primato degli errori che condusse Bachelard alla sua psicoanalisi degli elementi.

Ne *"La Psicoanalisi del Fuoco"* Bachelard stabilisce una direzione nuova nell'indagine rispetto alla visione freudiana e post-freudiana. In quest'opera, la funzione della psicologia del profondo non è più purificare l'obiettività, ma esplorare la struttura soggettiva delle immagini materiali.

Fra gli elementi favoriti dagli alchimisti del passato (fuoco, aria, acqua e terra), il primo ad attirare l'attenzione di Bachelard è il fuoco, a causa della sua persistenza ostinata nella ricerca pseudo-scientifica. Egli scopre che la natura del fuoco è espressa nei trattati scientifici del secolo XVIII con la stessa obiettività che nei lavori poetici di D' Annunzio, Chateaubriand, Novalis e Hoffman.

Infatti i testi scientifici del XVIII secolo che riguardano il fuoco dicono più su noi stessi che sul mondo esterno. Il fuoco arde in maniera più appropriata dentro l' anima che sopra i tizzoni.

In quest'opera Bachelard ha completato la sua visione del ruolo dell'immaginazione: è l'immaginazione che delinea i più "lontani confini" della nostra mente.

Bachelard insiste sul fatto che la singolarità delle immagini non sia una fantasia gratuita, il "passatempo di un momento fugace". Questa "ispirata monotonia" di immagini appare come una possibile struttura della vita onirica, orientata dagli elementi materiali.

Gli elementi materiali riflettono le nostre anime, fornendoci una specie di lettura diretta del nostro inconscio. L' idea audace di psicanalizzare gli elementi, evidenzia immediatamente l' originalità del lavoro di Bachelard. E lo pone anche in una posizione particolare in relazione alla psicoanalisi. Il filosofo dell'immaginazione si trasforma infatti frequentemente in un critico della psicoanalisi. In Bachelard è necessario distinguere tra l'uso di questa disciplina e la sua critica. C'è un entusiasmo genuino nella sua scoperta: i riferimenti all'inconscio forniscono i mezzi di una spiegazione corretta e realistica delle immagini. Questo è evidente nella Psicoanalisi del Fuoco, probabilmente il suo libro più freudiano.

Ma già col secondo libro sugli elementi: *L'Eau et les Rêves* (*Psicanalisi delle acque*), il termine psicoanalisi è associato, quasi esclusivamente, all'ortodossia freudiana e sempre connotato in modo critico, mentre i riferimenti positivi sono fatti ai successori più o meno dissidenti di Freud, in particolare Carl Gustav Jung.

In *L'Eau et les Rêves* (*Psicanalisi delle acque*), Bachelard spiega il suo rifiuto di considerare le immagini in termini di impulsi organici, volendo catturare la specifica originalità del simbolo senza ridurlo alle sue cause. Perciò egli preferisce il concetto junghiano di archetipo, che offre il vantaggio di includere il simbolismo nell'inconscio. Un archetipo, per Jung, è energia psichica che condensa spontaneamente il risultato delle esperienze organiche ed ancestrali in immagini.

Lo psicanalista junghiano risolve il mistero del sogno, osservando in esso i simboli comuni di tutti gli uomini. Ma per Bachelard, tale simbolismo comune non è capace di illuminare le variazioni delle immagini estetiche. Egli preferisce concentrarsi nella rappresentazione simbolica che per lui non è, come frequentemente si crede, una dispersione della coscienza o la perdita di contatto con la realtà. Per Bachelard esiste una relazione tra il sogno ed il cosmo che esso crea. Il sogno assume l'universo intero nelle sue immagini. E' simultaneamente creativo e naturale, il suo valore è sia estetico che ontologico.

Per questa ragione, Bachelard destina l'apparato delle sue indagini e studi sui sogni notturni, alla psicologia del profondo, scegliendo di applicare intenzionalmente la sua psicoanalisi alle opere letterarie, che gli permettono di comprendere l'uomo da quello che scrive. E' attraverso questi "segnali culturali" che Bachelard identifica i *complessi,* che non sono, per lui, fissazioni patologiche, ma orientamenti spontanei dell'immaginazione educata dalla lettura, utili alle fusioni tra i sogni naturali e le tradizioni acquisite. Bachelard li pone in relazione ad autori o eroi letterari: Novalis ed Ofelia, fra gli altri.

Ma Bachelard è determinato anche nel denunciare il superficiale e la mitologia vana trovate per esempio, nel cigno di Leda, di Pierre Louÿs: "il bel uccello bianco era candido come una donna, splendido e rosa come la luce". Quello che abbiamo qui, sono immagini sovrapposte che non ci arricchiscono di un'emozione particolare. È solamente quando siamo rapiti dai grandi poeti, che i vecchi miti e le vecchie parole riconquistano il loro significato. Devono, in qualche modo, essere relazionate all' immaginazione materiale, che dà vita alla corrispondenza elementare tra l'uomo e il mondo. (G. Bachelard, *Psicanalisi delle acque,* pp. 49-51)

Bachelard intensifica la sua critica alla psicoanalisi nei suoi ultimi libri. Egli scopre, con uno sguardo retrospettivo, nell'ultima parte del suo lavoro una persistente "ostinatezza razionalistica" che egli ora tenta di abbandonare per l'uso completo della fenomenologia.

Sinteticamente, l' approccio fenomenologico è la descrizione della relazione immediata del fenomeno con una particolare coscienza. Bachelard prende dalla fenomenologia l'avvertimento di ritornare ai fenomeni, mettendo da parte la fede ingenua nella realtà delle cose ed avvicinandosi ai fenomeni attraverso la coscienza intenzionale. Questo permette a Bachelard di rinnovare le sue precauzioni contro la tentazione di studiare le immagini come cose. Le immagini sono vissute, sperimentate, re-immaginate, in un'azione della coscienza.

Di conseguenza, l'immagine poetica non duplica la realtà presente e non è l'eco del passato.

La strada migliore per studiare le immagini è esplorare il loro potere di trans-soggettività. Esse si riflettono nella coscienza del lettore e lo portano a ricreare, in quanto comunicano col poeta.

Nonostante un'apparente opposizione tra i libri psicoanalitici e fenomenologici di Bachelard, sarebbe artificiale dividere il suo lavoro in due fasi metodologiche.

Di fatto, la sua descrizione del simbolo è fenomenologica fin dai suoi primi lavori. E Bachelard non ripudia mai la funzione degli elementi materiali, poiché essi possiedono energia archetipica.

L'immaginazione materiale risulta da questo corpo a corpo del potenziale umano con le resistenze della materia. Invece della ragione contemplativa, della ragione inattiva, egli propone la ragione laboriosa, alleata della manualità che Bachelard denomina *materialismo tecnico*: nello spazio della fenomenologia, la fenomenotecnica; la scienza contemporanea è una fabbrica di fenomeni.

Ed oltre *l'immaginazione formale*, che svolge bene il suo ruolo nelle formulazioni di ambito logico-matematico, *l'immaginazione materiale*, l'immaginazione attiva, non distanziata come visione pura e che recupera il mondo concreto. La ragione operante e l' immaginazione materiale sono entrambe il prodotto della manipolazione dei lavoratori della scienza e dell'arte.

La teorizzazione che distingue i due tipi di immaginazione, si trova nell'introduzione del lavoro *Psicanalisi delle acque*. Secondo Bachelard, c'è un'immaginazione che dà vita alla causa formale ed un'immaginazione che dà vita alla causa materiale; o, più brevemente, *l'immaginazione formale* e *l'immaginazione materiale*. Sono due concetti indispensabili ad uno studio completo della creazione poetica. Al di là delle immagini della forma, molte volte studiate dagli psicologi dell'immaginazione, vi sono le immagini della materia, le immagini dirette della materia .

Per dimostrare l'esistenza dell'immaginazione materiale, Bachelard cerca di dare sue proprie radici alla "forza immaginante", ossia, l' immaginazione intima di forze materiali.

L'immaginazione materiale risulta dalla compromissione del corpo con la concretezza delle cose. L'immaginazione materiale è collegata alle "quattro radici di tutte le cose" indicate da Empedocle di Agrigento: il fuoco, l'aria, la terra e l'acqua. I quattro elementi della fisica pre-socratica sono fonti inesauribili per i sogni creativi, permanendo come essenze materiali ricorrenti, come sostanze elementari che alimentano la creatività interminabile dell'arte.

Ancora nell'introduzione alla *Psicanalisi delle acque*, incontriamo la proposta bachelardiana di una *legge dei quattro elementi*. Bachelard stabilisce, nel regno dell'immaginazione, una classificazione delle molte immaginazioni materiali e di come si associano al fuoco, all'aria, all'acqua o alla terra. Se tutta la poetica deve ricevere componenti di essenza materiale, è ancora questa classificazione degli elementi materiali fondamentali che si dovrebbe alleare più fortemente con le anime poetiche. È necessario che un sogno incontri la sua materia, è necessario che un elemento materiale gli dia la sua propria sostanza, la sua propria regola, la sua poetica specifica.

La fedeltà agli elementi nacque, nell'antichità, coi primi sistemi metafisici dei pre-socratici. La dottrina dei quattro elementi è una delle idee più persistenti della cultura occidentale. Passa attraverso la vecchia medicina ippocratica, i cui fluidi corporali sono umori associati agli elementi, ed in forme di dottrine esoteriche che persistono ancora nei nostri giorni.

E' Empedocle di Agrigento che per primo teorizza l'esistenza "delle quattro radici di tutte le cose".

Di Empedocle (che scrive in versi secondo l'uso dell'epoca) ci sono pervenuti fortunatamente abbondanti frammenti, dai quali è possibile desumere il suo pensiero con una certa chiarezza, anche se su di esso non sono mancati equivoci da parte di chi ha voluto vedere in lui un "mistico", ben aldilà di quanto alcune sue posizioni possano far pensare. Occorre non cadere in quegli equivoci che talvolta possono sorgere dalla traduzione letterale; non va infatti mai dimenticato che si tratta di testi appartenente ad un genere filosofico-letterario che doveva osservare regole formali abbastanza codificate, riferibili alla retorica mitologica e poetica dell'epoca. Empedocle introduce chiaramente i quattro elementi, radici di tutte le cose e che ci rivelano il contenuto filosofico della sua opera:

Ascolta anzitutto le quattro radici di tutte le cose: Zeus lo splendido, Era la vivificante, poi Edoneo e Nesti, che con lacrime alimenta la sorgente mortale (DK 31 B 6)
(viene indicata abitualmente con la sigla DK l'opera di H. Diels e W. Kranz, *Die fragmente der Vorsokratiker*, riferimento obbligato per lo studio dei pre-socratici. Per la versione italiana, cfr.: G. Giannantoni, *I Presocratici. Testimonianze e Frammenti*).
I nomi degli elementi sono dati a coppie: una celeste, Zeus (il fuoco) ed Era (l'aria) e una terrestre, Edoneo (la terra) e Nesti (l'acqua). Purificando la lingua mitologica di Empedocle, Zeus corrisponde al fuoco, Hera all'aria, Edoneo alla terra e Nesti all'acqua. Inoltre i quattro elementi materiali sono soggetti a cambiamenti alterni, a volte mescolati dalla forza aggregatrice (Philias, o amore), altre volte separati dalla forza disgregatrice (Neikous, la discordia).
(Cfr.: Empedocle di Agrigento, a cura di A. Tonelli, *Frammenti e testimonianze*).
Non è un caso, dice Bachelard, che i primi filosofi associno i loro principi formali ad uno od ai quattro elementi fondamentali che traducono come "temperamenti filosofici." In quei sistemi filosofici, il pensiero erudito è collegato ad un sogno materiale primitivo. E, se quelle semplici e potenti filosofie ancora conservano fonti di convincimento, è perché studiandole noi troviamo forze immaginarie totalmente naturali.
Anche i pensieri chiari e le immagini consapevoli dei sogni ed i sogni sono sotto la dipendenza dei quattro elementi. Una psicologia delle emozioni estetiche dovrebbe includere lo studio del materiale onirico che li precede. Prima di diventare consapevole, ogni panorama

interiore è un'esperienza simile al sogno. Noi guardiamo con una passione estetica solamente i panorami che abbiamo visto prima in sogno.

Bachelard ha capito che ad un elemento materiale, come il fuoco, si può associare un tipo di sogno che comanda le fedi, le passioni, l'ideale di una vita intera. C'è un senso nel parlare dell'estetica del fuoco, della psicologia del fuoco ed anche della morale del fuoco.

Tutti i quattro elementi hanno i loro seguaci che sono fedeli ad un'immagine interiore favorita, ad un sentimento arcaico, ad una realtà organica e primordiale, ad un temperamento fondamentale simile al sogno.

Ogni elemento è profondamente un sistema delle fedeltà poetiche. Nell'essenza del pensiero delle acque, per esempio noi abbiamo il significato psicanalitico a livello dell'oceano liquido. Vi sono due complessi, ovvero atteggiamenti che dirigono il lavoro di riflessione di Bachelard: il Complesso di Caronte (le acque come simbolo del nostro ultimo viaggio) ed il Complesso di Ofelia (l'acqua come elemento di una giovane e bella morte).

I quattro elementi della fisica pre-socratica, perciò, sono fonti inesauribili per i sogni creativi, e sono presenti a livello poetico nelle fantasie dei grandi artisti. Le essenze dei materiali archetipici alimentano l'innovazione senza fine dell'arte.

L'elemento fuoco ed il suo materiale immaginario producono il temperamento poetico dello psichismo igneo. L'elemento aria, lo psichismo aereo. L' elemento terra lo psichismo terrestre. L' elemento acqua, lo psichismo idrico.

L'immaginazione materiale dimostra l'obiettività poetica del nostro ancoraggio nel mondo.

Così come parliamo, nella chimica, della tetravalenza del carbonio, ossia, della proprietà dell'atomo di carbonio nello stabilire legami quadrivalenti, possiamo identificare, a partire dalla poetica bachelardiana, una tetravalenza dell'immaginazione.

L'immaginazione materiale si lega ai quattro grandi regni cosmici: il fuoco, l'aria, la terra e l'acqua.

Ma la materia offre resistenze, in quanto la mano umana, nella creazione artistica come nel lavoro manuale, supera gli ostacoli posti dalla materia. E' implicita nella poetica di Bachelard una difesa continua del lavoro, caratterizzata specialmente dalla meraviglia anatomica che viene ad essere la mano umana.

La mano inattiva e che accarezza, che percorre linee perfette, che ispeziona il lavoro dopo averlo finito. Nel dominio dell'estetica, il predominio di questa visualizzazione del lavoro finito conduce, in un modo naturale, alla supremazia dell'immaginazione formale.

Nella direzione contraria la mano lavoratrice e imperiosa apprende la dinamicità della realtà, lavorando una materia il cui dinamismo e resistenza assomigliano ad una "carne amante e ribelle".

La ragione laboriosa e operante, l'immaginazione materiale e dinamica, sono entrambe il prodotto della manipolazione dei lavoratori del laboratorio scientifico e del laboratorio poetico. In testi sparsi, raccolti in un volume intitolato suggestivamente *Il diritto di sognare*, Bachelard scrive elegie alla mano laboriosa.

Alcuni esempi:

1) Elogio della mano: "Tale consapevolezza della mano che lavora rinasce in noi nell'attimo in cui prendiamo parte al mestiere dell'incisore. L'incisione non la si contempla, vi si reagisce, e da essa ci vengono *immagini di risveglio.*

Non è soltanto l'occhio a seguire i tratti dell'immagine, all'immagine visiva s' accompagnano infatti immagini di manualità e sono quest'ultime a risvegliare veramente l'essere attivo che sonnecchia in noi: ogni mano è coscienza di azione" (G. Bachelard, *Il diritto di sognare*, p.63)

2) Materia e mano: "Ora la matita è sulla carta.

Ora la falange dei sogni attivizza l'accostamento delle due materie; ora le materie ingaggiate in questo incontro del disegno, concludono e fissano l'azione della mano operosa. In tal modo, delicatissimamente, la mano risveglia le prodigiose energie dormienti nella materia; nella mano, sintesi di forza e destrezza, vivono tutti i sogni dinamici, dai più violenti ai più indisposi e sottili, dal solco metallico al nero tratto, per quanto lieve"

(G. Bachelard, *Il diritto di sognare*, p.64)

Il lavoratore che sa come imporre, attraverso l'impastamento e la cottura, un ultimo stato di durezza alla farina molle, prolunga la lotta tra l'acqua e la terra, e tra l'acqua ed il fuoco. Il panettiere che cerca la proporzione adatta di acqua ed farina, è simile al poeta che lavora con misture immaginarie ed è guidato dalla bellezza delle forme.

Alla luce di tutte queste considerazioni, possiamo individuare i punti di base dell'analisi di Bachelard dell'immagine e della sua metafisica del poetico. Prima tutto, la poesia non è la traduzione della vita. Parlare di una poesia descrittiva o narrativa sarebbe una contraddizione nei termini. L'essenza della poesia è la creazione di immagini nuove.

È inutile cercare gli antecedenti di un'immagine. Qualsiasi tipo di spiegazione, sia essa razionalistica, realista o ironica, può uccidere l'immagine. In ogni caso, la poesia non esprime le meraviglie occasionali di una psiche solipsista, ma la costante creazione continua della natura e dell'esperienza attraverso la parola dell'uomo.

Gli insegnamenti della psicologia moderna possono aiutarci a variare le nostre prospettive ed ipotesi, ma il miglior addestramento è attraverso il sogno che ci mette in connessione con le parole e le sostanze.

Le immagini esortano ed espandono il sogno del lettore, echeggiano in lui. La felicità poetica è narcisista. Può essere prolungata da un commento delicato che cerca di non distruggere la magia suggestiva delle immagini.

La concezione di Bachelard dell'immaginazione difende l'autonomia dell'immaginazione creatrice di fronte alla tirannide della percezione visuale. L'immaginazione materiale è demiurgica, creatrice di nuove sintassi, di nuovi giochi di segni, indipendenti dal discorso del mondo abitualmente dato al sentire umano. L'immagine non può rimanere limitata al territorio dell'immaginazione formale, come sdoppiamento del puro vedere.

L' immaginazione materiale è la facoltà di formare immagini che trascendono la realtà, che cantano la realtà e permettono all'uomo di attraversare la sua propria condizione umana.

Tuttavia alla base vi è la materialità delle immagini che decorre da un'ispirazione organica ed elementare. Allo stesso modo possiamo dire che la vita è, nel fondo, chimica, come l'immaginazione è, nel fondo, materiale. Il dinamismo della creatività, le cui forze oniriche sono un'espressione inconscia, è di origine cosmica. Investigatore dei due versanti dell'immaginazione, l'immaginazione scientifica e l'immaginazione artistica, Bachelard denuncia il limite visuale della cultura occidentale e mostra che il vocabolario basico della scienza e della filosofia è segnato dalla egemonia della visione. Il nuovo spirito scientifico esige il riesame del presupposto visuale che tende a fare della realtà uno spettacolo da contemplare.

Bachelard mostra invece l'esistenza dell'immaginazione materiale, a fianco dell'immaginazione formale, basata sulla visione. L'immaginazione materiale risulta dal nostro inserimento, in quanto corpo, nel corpo del mondo ed alimenta un immaginario che appare soprattutto nei sogni, nell'arte, nella poesia, nella filosofia. Questo immaginario riscatta il valore della mano che sogna e produce realtà artistiche, richiede di essere animato dalla volontà di creare che ci fa affrontare la resistenza del mondo, e vuole generare nuove realtà attraverso mezzi alchemici (ad esempio, nell'incisione e nella pittura).

L'opera poliedrica di Gaston Bachelard include così i campi della scoperta scientifica e della creazione artistica. Il sapere razionale e l'invenzione poetica non si escludono necessariamente. Opposti in determinate istanze, come la concettualizzazione legata al diurno e l'immagine legata al notturno, essi tuttavia si fondono nell'immaginazione creatrice.

Nella concezione tradizionale, l'immaginazione è definita come la facoltà mentale di produrre immagini, intendendo per immagine la rappresentazione di un oggetto assente o la riproduzione di una sensazione nell'assenza della causa che l'ha prodotta.

Nella distinzione tra l'immaginazione riproduttiva, serva della percezione e della memoria, e l'immaginazione produttrice, fonte di invenzione ed originalità, Bachelard fa uso della Psicoanalisi e della Fenomenologia, mantenendo tuttavia una sua particolare posizione.

35

La psicoanalisi di Freud, dice Bachelard, si colloca in un'ottica intellettualista, poiché lavora nel senso di tradurre le immagini e considerarle solamente simboli, dimenticando il dominio della propria immaginazione. Sotto l'immagine, la psicoanalisi individua la realtà e dimentica la direzione inversa: sopra la realtà cercare la positività dell'immagine. Per questo lo psicanalista considera la fabulazione come occultamento, una specie di velo, o peggio, una funzione secondaria.

La critica di Bachelard non salva le origini borghesi della psicoanalisi di Freud, che trascura la volontà umana, il lavoro sulla materia, la mano comandata dalla volontà di trasformare, lottare e creare.

La psicoanalisi nel suo versante junghiano serve meglio ai propositi di Bachelard.

I concetti di archetipo, immaginazione dinamica, echeggiano nella poetica del sogno e nella difesa della realtà ontologica della propria immagine. (C. G. Jung, *Sull'archetipo, con particolar riguardo al concetto di Anima*).

Anche il concetto di androgenia (animus-anima) introdotto da Jung (C. G. Jung, *Sull'archetipo, con particolar riguardo al concetto di Anima)*, è oggetto di interesse ed analisi da parte di Bachelard.

Al metodo fenomenologico spetta un importantissimo passo: precisare il vero carattere di indipendenza dell'immagine di fronte alla percezione.

Come è stato detto, l'osservazione visuale riduce l'immaginazione ad immaginazione formale, che disprezza la causa materiale che conduce all'immaginazione materiale. La prima, basata sulla visione, si direziona verso l'astrazione ed il formalismo, nel quale si realizza pienamente. Anche se è necessaria alla costruzione del linguaggio logico-matematico, la costruzione del pensiero formale rappresenta una semplificazione, una occultazione della materialità delle cose e delle proprie immagini.

Altri autori già si erano occupati del fondamento visuale della cultura occidentale; ad esempio Martin Heidegger ed il primato del vedere come tendenza dell'essere. Anche se in diversi contesti, le analisi acute di Heidegger ci servono per riaffermare il vizio della visualità e la necessità di superarlo per comprendere meglio il fenomeno dell'immaginazione. (M. Heidegger, *Essere e tempo*)

Il predominio della visione e delle metafore visuali produce l'immaginazione formale. Ma le forze immaginanti del nostro spirito possiedono due direzioni: una immaginazione che dà vita a cause formali ed una immaginazione che dà vita a cause materiali: immaginazione formale ed immaginazione materiale, due concetti, secondo Bachelard, indispensabili ad un studio completo della creazione poetica.

L' immaginazione materiale si vincola ai quattro elementi fisici pre-socratici: il fuoco, l'aria, la terra e l'acqua, fonti inesauribili per i sogni creatori, essenze materiali ricorrenti, sostanze elementari che alimentano la creatività senza fine dell'arte. La proposta di Bachelard è di una legge dei quattro elementi, stabilendo nel regno dell'immaginazione una classificazione delle diverse immaginazioni materiali associate al fuoco, all'aria, all'acqua o la terra.

Ogni elemento materiale è un sistema di fedeltà poetiche. L'elemento fuoco e le sue immaginazioni materiali producono il temperamento poetico dello psichismo igneo. L'elemento aria, il temperamento aereo. L'elemento terra, il temperamento terrestre. L'elemento acqua, il temperamento idrico. L' immaginazione materiale nega il mondo in quanto puro spettacolo e fa di esso l'oggetto della sua azione. La mano umana lotta contro le resistenze della materia, supera ostacoli e lavora un cosmo sfidante e dinamico.

La legge dei quattro elementi materiali, perciò, è il principio fondamentale della poetica di Bachelard. Lontano dall'avere riproposto la metafisica di Empedocle o la medicina degli umori di Ippocrate, essa è la forma archetipica che riappare periodicamente sotto veste fisica o metafisica. È così che si dovrebbe capire la famosa legge dei quattro elementi: come un ordinamento a priori dell'immaginazione creatrice, come investigazione della struttura trascendente dell'immaginario.

Capitolo 8.
L'immaginario ed il simbolico dei quattro elementi
Gaston Bachelard intraprende uno studio delle forme dell'immaginario e simbolico legate ai quattro elementi della natura: fuoco, acqua, aria e terra. L'immaginario è per Bachelard strettamente collegato alla materia e le immagini che si collegano alla filosofia dei quattro elementi che la scienza antica ha tramandato.

La ripresa degli elementi primordiali e dei relativi temperamenti umani (collerico, flemmatico, sanguinico e malinconico) analizzati in relazione alle facoltà dell'immaginario costituisce, all'interno della visione filosofico-epistemologica di Bachelard, il tentativo di restituire unità al cosmo parcellizzato della scienza novecentesca e la possibilità di definire i campi dell'attività del soggetto *savant* e *rêveur* (che conosce e che immagina).

Nella direzione di una *fantastica trascendentale* mirante alla definizione delle possibilità dell'immaginario, Bachelard traccia i confini della *rêverie*. In linea con il pensiero freudiano, la dimensione diurna e attiva della dimensione immaginativa è contrapposta all'alternanza del sogno notturno. L'attività della *rêverie* si verrà via via progressivamente focalizzando, trasformandosi da semplice prolungamento diurno del sogno (G. Bachelard, *Psicoanalisi del fuoco*) in sublimazione dell'inconscio (G. Bachelard, *La poetica della rêverie*). L'immaginario, che si determina come livello ulteriore della realtà, si ottiene tramite un'elevazione in una dimensione spirituale, liberata dalla repressione delle pulsioni e lontana dalle scorie corporee.

Per Bachelard l'attività fantastica dell'immaginazione è sempre legata al linguaggio e alla coscienza e va

39

comunque guidata per evitare che ricada nelle pulsioni inconsce e per evitare che oltrepassi la soglia della dissoluzione della coscienza.

Gli ambiti dello scienziato e del poeta, del *savant* e del *rêveur*, possono essere compresi attraverso uno sguardo filosofico che per Bachelard si traduce nel progresso della conoscenza scientifica. Alla difesa della ragione e delle sue capacità, che hanno interessato lo scienziato Bachelard fino agli anni Trenta, si aggiunge una curiosità per i poteri dell'immaginazione che esulano dal campo strettamente razionale. Lo studio dell'immaginazione materiale nasce dal programma epistemologico di riportare alla ragione l'irrazionale e gli errori che la scienza ha compiuto nel corso della storia. Il *savant* e il *rêveur* sono due dimensioni complementari dell'uomo che non si cancellano o si superano reciprocamente ma che possono essere indagate o vissute dallo stesso soggetto anche se in tempi diversi.

L'oggetto della *rêverie* che si delinea nella successione dei saggi composti da Bachelard dal 1938 al 1948 sono le *immagini immaginate*, quelle che si compongono nell'atto della loro realizzazione. E ciò avviene sia nel momento della produzione poetica, quando la materia si rivitalizza nelle immagini composte, sia nel momento della seconda lettura quando l'immagine si rianima nel contatto diretto con la materia che la sostanzia. Gli elementi materiali sono per Bachelard il substrato basico e l'immagine diventa l'oggetto dell'attività dell'immaginazione creatrice (G. Bachelard, *Psicanalisi dell'aria*). Come l'archetipo junghiano, l'immagine immaginata, da distinguere da quella che riproduce la realtà semplicemente rappresentandola, si presenta all'uomo e rianima il suo legame originario con la materia naturale. Come i miti originari l'immagine è già simbolo in sé sin dal principio, e

40

come essi si rivolge principalmente alle costanti universali e pertanto al versante naturale dell'uomo.

Sarà la psicanalisi della conoscenza oggettiva a provvedere alla rimozione degli ostacoli e degli errori che nel corso della storia il soggetto conoscente ha incontrato. È in questa direzione che deve intendersi la prima tappa della costituzione dell'analisi dell'immaginazione materiale.

Come abbiamo visto il primo studio di Bachelard è dedicato alla *psicanalisi del fuoco*, cioè alle immagini soggettive, affettive e di conseguenza erronee, che non hanno permesso il regolare sviluppo della scienza termica (G. Bachelard, *Psicanalisi del fuoco*). Nella prima analisi Bachelard individua nei miti e nella letteratura le filie o le fobie che si legano strettamente all'immagine del fuoco e che impediscono, in modo inconscio, il progresso della conoscenza scientifica. Nella *psicanalisi del fuoco* il termine immaginazione è legato alla forza psichica della produzione delle metafore che, ordinate in successione, indicano lo spirito poetico. In ogni poeta è possibile riconoscere una legge psichica o *complesso* che si fissa preferibilmente su uno specifico elemento naturale. Bachelard individua nei soggetti mitologici e negli spiriti poetici i complessi attivi o passivi legati alla comune immagine materiale. Per esempio, il complesso di Prometeo e di Empedocle sono collegati rispettivamente a immagini del fuoco che brucia (Prometeo) o dal quale si viene bruciati (Empedocle), a soggetti che usano il fuoco o lo subiscono. Il complesso di Novalis è collegato al desiderio del calore e si configura come nostalgia del nido materno, tendenza regressiva verso il caldo grembo della natura, paradiso terrestre di armonia, unità, totalità originaria. L'immaginario suscitato dal complesso di Novalis è relazionato al desiderio di una sostanza calda, dolce, tiepida, avvolgente, protettrice, al bisogno di una materia che avvolge intimimamente l'essere intero, nel caldo profondo della vita intima.

Nel volume dedicato alle immagini acquatiche, Bachelard analizza i sogni primordiali legati all'elemento naturale acqua (G. Bachelard, *Psicanalisi delle acque*).

L'aspetto materno dell'acqua coincide con la natura dell'inconscio poiché questo può essere considerato madre o matrice della coscienza. La profondità marina coincide con le profondità materne , ovvero l'inconscio sia nel suo significato positivo che in quello negativo. L'acqua assume così la doppia valenza di vita e di morte.

Dei quattro elementi primordiali, l'acqua determina la formazione di ogni essere vivente, ed è considerata presso molte culture il simbolo della vita che crea, nutre, purifica e fa rinascere.

La nascita è rappresentata con un riferimento all'acqua, non solo perché l'uomo discende, nel suo corso filogenetico, da progenitori acquatici, ma anche perché, prima di tutto l'uomo vive in prima persona la sua formazione, crescita e nascita nel liquido amniotico. Per Freud sognare l'acqua significherebbe in realtà essere madre o rivivere la simbiosi con essa. (S. Freud, *Introduzione alla psicoanalisi*, pp. 331-332).

L'archetipo junghiano della Grande Madre possiede, infatti, una serie infinita di aspetti: in primo luogo la propria madre; in un senso più elevato la dea madre, in un senso lato il mare, l'acqua stagnante, la materia: materia e matter hanno la stessa radice indogermanica della parola madre. L'uomo si ritrova con essa perché nei suoi ricordi inconsci ritrova l'amore infantile della simbiosi con la madre o la nutrice. In natura l'elemento acquatico associato al nutrimento è sicuramente il mare.

L'immagine del mare, come utero, si inserisce nella cornice naturalistica di un golfo che, come un ventre, accoglie e di un promontorio che, come i seni gonfi di latte, si preparano alla nascita della creatura-uomo. Il mare è dunque la madre (in francese "mare" si dice *la mer*, "la madre" si dice *la mère*) di tutte le creature, che nutre i suoi piccoli e gli altri figli sulla terra. Il suo essere femminile si esprime poi nell'arte di saper cullare; i suoi movimenti e il suo suono richiamano il ritmo del cuore e della respirazione convincendo l'uomo a lasciarsi andare ora da una parte ora dall'altra, così come fa il bimbo che per essere addormentato si abbandona nelle braccia della madre confortato dal battito del cuore. Rispetto agli altri, l'acqua è, infatti, l'elemento cullante, galleggiante che fa volare chi si adagia o si immerge in essa, spazio naturale in cui l'uomo ritrova il suo ambiente favorevole che lo restituisce alla madre. (C. G. Jung, *Gli aspetti psicologici dell'archetipo della Madre*)

Ma come abbiamo detto l'acqua non è solo elemento che dà vita perché liquido amniotico, bensì è acqua vitale perché in qualche modo è anche latte, cioè liquido che nutre gli esseri viventi. Bachelard propone un'equazione secondo la quale ogni liquido è acqua e ogni acqua è latte: "Per l'immaginazione materiale ogni liquido è acqua. [...] Se spingiamo più in là la nostra ricerca nell'inconscio, esaminando il problema dal punto di vista psicanalitico, diremo che ogni acqua è latte". (G.Bachelard, *Psicanalisi delle acque*, p. 139)

Il latte materno, dunque, ci porta a pensare all'acqua come ad un elemento femminile ma, al di là di questo primo significato più evidente, che propone il filosofo francese, ve ne è anche un altro, meno forzato, vale a dire quello dell'acqua che diventa il latte di Madre Natura. Secondo

Bachelard la valorizzazione sostanziale che fa dell'acqua un latte inesauribile non è l'unica valorizzazione che imprime all'acqua un carattere profondamente femminile. A ragione Bachelard afferma che nella vita di ciascun uomo compare, oltre alla madre, una seconda donna, vale a dire la moglie o l'amante. Ora questa seconda donna sarà ugualmente proiettata nella natura e in particolare nell'acqua. Peraltro, continua Bachelard, sono gli stessi corsi d'acqua ad avere una funzione prettamente sessuale, poiché evocano la nudità femminile, con le loro anse che ricordano le curve di un nudo di donna. (G.Bachelard, *Psicanalisi delle acque,* p. 49 e p.149).

Ma non bisogna tralasciare anche un secondo collegamento che Bachelard attua tra l'acqua e la morte, che porta a pensare all'acqua come "elemento desiderato" da chi sta per morire.

Talvolta il richiamo agli elementi materiali è così forte da consentire una sorta di classificazione di alcuni tipi di suicidio. Sembra, infatti, che il tipo di morte scelto dagli esseri umani non sia mai casuale, ma in ogni occasione risulta essere strettamente determinato dalla psiche. Per quanto riguarda l'acqua, sembra che questo elemento costituisca un tragico richiamo soprattutto per le donne. Ciascun elemento rappresenta una "patria" della morte, con i suoi fedeli e i suoi aspiranti, e l'acqua, "che è la patria delle ninfe vive, [diventa così] anche la patria delle ninfe morte." (G.Bachelard, *Psicanalisi delle acque*, p. 100).

Ancora una volta, dunque, l'acqua si presenta come elemento decisamente femminile. Il suicidio nell'acqua sembra essere una pratica adottata particolarmente dalle donne, soprattutto in letteratura, dove la determinazione psicologica dei personaggi risulta più forte che nella realtà e il suicidio è presentato come l'atto finale di un lungo destino intimo.

Qui viene messa in evidenza da Bachelard la vicenda narrata da Shakespeare nell'Amleto: la regina Ofelia destinata a morire nell'acqua, poiché è paragonata ad un essere non solo nato dalle acque, ma addirittura predisposto dalla natura stessa a vivere in esse. Nell'acqua ritrova, dunque, "il suo elemento", realizzando, paradossalmente, la pienezza della propria esistenza proprio nella morte.

Nell'analisi condotta da Bachelard sul suicidio femminile si rileva che in questi casi l'acqua diventa il simbolo profondo, organico della donna che piange le sue pene e i cui occhi risultano annegati dalle lacrime, così come il suo corpo custodisce il sangue, il liquido amniotico e il latte. (G. Bachelard, *Psicanalisi delle acque*, p. 101)

Al di là delle credenze magiche in relazione alle acque, questo elemento risulta inoltre essere naturalmente simbolo di purezza. Secondo Bachelard "l'acqua limpida costituisce una tentazione costante per il simbolismo facile della purezza. Ciascun uomo, anche senza una guida, anche senza la convenzione sociale, trova quest'immagine naturale". (G. Bachelard, *Psicanalisi delle acque*, p. 160).

Ed è proprio tale immagine di purezza scaturita dall'acqua che rende quest'elemento protagonista della maggior parte dei rituali religiosi. Le acque del Battesimo per i Cristiani e le acque del Gange per gli Indù dissolvono e purificano il passato, determinando la rinascita spirituale.

Nel Cristianesimo, inoltre, il lavacro del Battesimo e la solenne benedizione dell'acqua durante la Veglia pasquale si associano all'uso dell'acqua santa per benedire luoghi, oggetti, persone e, negli esorcismi, per liberare gli ossessi dalla possessione diabolica. Sempre rimanendo nell'ambito religioso non bisogna dimenticare anche il culto dell'acqua miracolosa, capace di restituire la giovinezza o di guarire dalle malattie.

Bachelard, invece, sembra essere più concreto, sciogliendo la complessa metafora della fontana della giovinezza in un'immagine decisamente più quotidiana. Per il filosofo francese, infatti "ognuno a casa possiede una fontana della giovinezza nella sua bacinella d'acqua fredda, in una sferzante mattina. E senza una simile esperienza triviale, il complesso della poetica fontana della giovinezza non potrebbe forse configurarsi.

L'acqua fresca risveglia e ringiovanisce il viso, il viso dove l'uomo si sente invecchiato, quando invece vorrebbe che non lo si vedesse invecchiare". (G. Bachelard, , *Psicanalisi delle acque,* p. 172).

In Bachelard vi è inoltre una chiara distinzione tra l'immaginazione materiale e quella dinamica, intese come il maschile e il femminile delle acque, o ancora tra quiete, stasi, da un lato, e irruenza, violenza, dall'altro. Inoltre l'immaginazione materiale si lega anche ai temperamenti.

Definendo una specifica poetica per ogni tipo psicologico si approfondisce l'idea che ogni forma dell'immaginazione sia legata a una materia e che a un poeta corrisponda un preciso orizzonte di immagini impiegate. L'elemento materiale si definisce come "il buon conduttore della continuità dello psichismo" (G. Bachelard, *Psicanalisi dell'aria*, p. 18).

Nel volume *Psicanalisi dell'aria*, le immagini verticali dell'ascensione e della caduta legate all'aria sono invece sottolineate come la valorizzazione per definizione, così che diventano "le più naturali tra le metafore visive" (G. Bachelard, *Psicanalisi dell'aria*, p. 12). Viene inoltre introdotta nel terzo studio la specificità dell'immagine letteraria e soprattutto la specificità dell'immagine "come soggetto del verbo immaginare", come attività del poeta più che della mitologia o della storia. Ma sopratutto va sottolineato che nello studio delle immagini aeree Bachelard abbandona definitivamente un approccio psicanalitico dell'interpretazione per abbracciare un modo fenomenologico di rivivere le immagini. Le immagini, puntuali e libere da ogni riferimento all'unità psichica dell'autore, costituiscono uno spazio di irrealtà dove poter vivere senza i limiti del determinismo freudiano e del finalismo junghiano. Non essendo esclusivamente legate a un trauma che va risolto o al Sé che si pone in costante alternativa al reale, le immagini legate alla materia per Bachelard finiscono per costituire l'unica realtà dove è preferibile vivere.

Nei due volumi sulla terra, la materia si presenta addirittura multiforme: è dura e molle, pasta e fango, roccia, cristallo, minerale ma anche casa, caverna, grotta, labirinto. Se il primo studio è rivolto alle qualità estroverse della terra, il secondo ripiega sulle sue qualità di introversione. Considerata come forza di volontà, che si esprime nell'attività umana, la terra si conferma al suo massimo grado come antagonista dell'uomo e dotata di un carattere dinamizzante nel dualismo *energetico* del soggetto e dell'oggetto. L'azione contro le cose genera per Bachelard il lavoro, così come l'azione contro l'io ha generato la psicanalisi (G. Bachelard, *La terra e le forze: le immagini della volontà*). Considerata invece come intimità delle sostanze, la terra si presenta come un interesse verso l'interno delle cose. Nel secondo volume, dedicato alle immagini interiori, la direzione verso il centro della terra indica un'altra direzione della valorizzazione della verticalità, che si risolve nelle immagini del riposo, del rifugio e del radicamento (G. Bachelard, *La terra e il riposo. Le immagini dell'intimità*).

Nella direzione bachelardiana della critica archetipica e della psicoanalisi della cultura della materia ha lavorato inizialmente anche Gilbert Durand, allievo di Bachelard. Egli ha dimostrato come la pretesa di ritrovare l'universalità delle immagini nei quattro elementi della natura sia una costruzione mitologica e pertanto sottoposta a cambiamenti e trasformazioni. La scelta dell'elemento materiale attorno al quale gira l'immaginazione del poeta non è determinata esclusivamente da tradizioni culturali ma, ad esempio, anche dalle ambientazioni climatiche. Lo studio psicanalitico che Durand dedica alla neve spiega infatti che l'ambiente in cui si vive determina la conoscenza profonda di alcuni elementi materiali che incidono nella creazione delle immagini poetiche, mitiche e antropologiche. Se Bachelard aveva confessato di escludere, per esempio, le immagini del mare nell'analisi tematologica dell'acqua perché elemento estraneo al suo ambiente e del quale non riconosceva gli echi, allo stesso modo Durand privilegia le differenze legate alle variazioni fenomenologiche della neve, elemento a lui familiare (G. Durand, *Psychanalyse de la neige*).

La questione in gioco è la definizione della facoltà immaginativa. Per Bachelard è essenzialmente creatrice e non si riduce alla riproduzione di percezioni ma consente la possibilità di liberarsi dalla realtà percepita, superandola. Per Durand invece la costruzione dell'immaginario, che si riconosce dai regimi che instaura nelle diverse antropologie, è filtrata dall'ambiente naturale e sociale in cui si vive oltre che dalle determinazioni psicologiche (G. Durand, *Le strutture antropologiche dell'immaginario*).

Capitolo 9.
Un'esperienza pratica
Da tutte le tesi e gli stimoli forniti da Bachelard ho inteso
ricavare una sintesi che può essere rintracciata ed applicata
in tre tecniche.

La prima è la creatività artistica in generale ed in
particolare la creazione poetica, evidenziando tuttavia
l'idea che la poesia, cioè la parte più elevata ed autentica
dell'essere umano, può essere inserita in ogni istante della
vita di ognuno e non solo in quella del poeta. Quella della
poesia è una dimensione universale cui l'essere umano
naturalmente si rivolge. Non una poesia destinata a
colmare il vuoto esistenziale, ma una poesia in grado di
riscattare ogni istante dell'esistenza, di fare pulsare di
autenticità e passione ogni gesto che compiamo nel
quotidiano, con la passione ed il desiderio di vivere con la
massima intensità ogni istante meraviglioso della nostra
esistenza. La poesia come dimensione non più riservata a
pochi intellettuali (i poeti appunto, le cui opere Bachelard
ha analizzato) od al massimo ai lettori, ma come possibilità
che ha ogni essere umano di dare un senso sublime alla
propria vita ed alla propria esistenza.

La seconda tecnica viene introdotta e presentata dallo
stesso Bachelard nel quarto capitolo di *Psicanalisi
dell'aria*, riferendo le ricerche ed i lavori condotti da
Robert Desoille relativi al sogno guidato. (G. Bachelard,
Psicanalisi dell'aria, pp.112-129).

Robert Desoille (1890-1966) sviluppò il metodo del "*rêve-
eveillé dirigé*" nel periodo compreso tra il 1920 ed il 1960,
a partire da studi psicofisiologici sull' energia psichica e
sulle immagini mentali.

L' approccio di Desoille fu di tipo empirico poiché era
finalizzato, inizialmente, a scopi di ricerca. Gli studi

iniziali, sulle immagini mentali, si inseriscono nella linea di ricerche intraprese da Hermann Rorschach (1844-1922), Pierre Janet (1859-1947), Alfred Binet (1857-1911) e Francis Galton (1822-1911).

La dimensione psicoterapeutica del metodo fu evidenziata da Desoille, quasi casualmente, a partire dal 1930, con la scoperta che, grazie al movimento simbolico all' interno dello spazio immaginativo, l'autosuggestione e l'abreazione permettevano di estinguere sintomi psicopatologici. La spiegazione dei meccanismi che intervengono nel rêve-eveillé, affinché avvenga il processo terapeutico, trovò punti di incontro con il pensiero di Freud, con quello di Pavlov e con quello di Jung (R. Desoille, *Entretien sur le rêve-eveillé dirigé en psychotherapie*).

Desoille considerò il suo metodo complementare alla Psicoanalisi (di Freud), nella cura dei disadattamenti psichici, per l' aspetto di "ermeneutica riduttiva" (G. Bachelard) che quest' ultima presentava (volta principalmente a scavare nel passato, irrisolto, del paziente).

Di fatto, riesaminando la produzione scientifica di Desoille, alla luce delle conoscenze di oggi, possiamo dire che egli scoprì e perfezionò un' altra via "regia" di accesso all' inconscio: il rêve-eveillé. Egli agiva nel registro del simbolico-archetipico ovvero utilizzando, per raggiungere gli effetti terapeutici, le risorse dell' inconscio collettivo riattivate attraverso il movimento nello spazio immaginario.

Alla luce delle conoscenze del giorno d' oggi quella di Desoille sarebbe considerata una "psicoterapia supportiva" (Gabbard, *Psichiatria Psicodinamica*), dove il transfert viene utilizzato (e non analizzato) al fine di "riconciliare il più rapidamente possibile il malato con ciò che egli è e con la realtà esterna come egli la percepisce".

La dimensione analitica del metodo è stata sviluppata dagli allievi di Desoille, dopo la sua morte avvenuta nel 1966. Il rêve-eveillé destò l'interesse di medici e psicologi. Tra i nomi illustri, la psicoanalista Françoise Dolto, Roberto Assaggioli (che lo inserì come tecnica nella Psicosintesi), e Gaston Bachelard, che parlò con interesse del rêve-eveillé in vari suoi libri, oltre che nel già citato *Psicanalisi dell'Aria*.

Vorrei ora collegare il discorso che abbiamo fin qui articolato sui quattro elementi e che Gaston Bachelard ha sviluppato, al rêve-eveillé di Desoille.

Il rêve-eveillé, o sogno vigile guidato, genera uno stato chiamato ipnagogico (sogno da svegli) che permette l'evocazione di immagini tra realtà e sogno. Per provocare un sogno vigile si suggerisce alla persona in stato ipnagogico di visualizzare con gli occhi chiusi una situazione di partenza.

Per collegarci agli studi di Bachelard si potrebbero in tal senso proporre quattro situazioni di partenza per provocare immagini legate ai quattro elementi, sulla base delle suggestioni fornite dall'opera di Bachelard:

-aria: il sogno di volare (ascensione-discesa);

-terra: entrare in una caverna o in un labirinto;

-fuoco: accendere il fuoco;

-acqua: discendere in fondo al mare.

La terza tecnica è legata alla danza ed all'espressione corporea. La tesi che voglio sostenere è che mediante il movimento corporeo e la danza l'elemento inibito si può evidenziare e può essere espresso più liberamente, conducendo ad un'integrazione dell'espressione carente.

Bachelard valuta il tema del corpo come luogo e forza creativa delle trasformazioni della materia e dell'immagine poetica. Il suo pensiero ci permette di attuare collegamenti tra i campi dell'Estetica e del Poetico, e, in senso più largo, di sopprimere le barriere tradizionali che disgiungono l'attività mentale e la vita del corpo. Inseparabile dal poetico, l' estetica di Bachelard considera l'importanza del corpo. Questo perché in un certo senso si occupa del livello elementare dell'emozione e delle immagini del corpo. È anche corporeo l'approccio alle espressioni e produzioni artistiche, considerando gli aspetti percettivi ed immaginativi del lavoro artistico.

L'estetica di Bachelard è basata sui processi della materia in trasformazione, valutando le tensioni tra corpo e materia, tra la mano e la materia. Queste dinamiche ci conducono al primitivo, ai sogni cosmici che collegano l'uomo agli elementi, alle forze attive che implodono nel corpo attraverso l'immaginazione. In questi processi l'immaginazione ha un ruolo fondamentale come potenza attiva, generando l'azione creativa: il corpo è luogo di convergenze e di sensi estetico-immaginativi.

La filosofia di Bachelard c'invita all'approccio della relazione tra la materia e il corpo. Il corpo come materia ed azione, che il pensiero di Bachelard allarga fino alla comprensione dei processi estetici, andando oltre l'aspetto percettivo, andando al campo del poetico. In Bachelard, il senso poetico è considerato arcaicità e ricerca, includendo i processi dell'immaginazione della materia, un'immaginazione attiva ed intraprendente. Se consideriamo alcune espressioni comuni nel nostro linguaggio di tutti i giorni, ci rendiamo conto che molto spesso per comunicare i nostri sentimenti e le nostre emozioni ricorriamo a metafore corporee che rimandano agli elementi.

Ad esempio quando di una persona diciamo che ha "i piedi per terra" intendiamo dire che è in contatto con la realtà, è una persona pratica che riesce a muoversi efficacemente nei contesti sociali e che soprattutto è in contatto con sé stessa, le emozioni e la propria realtà corporea. Essere con i piedi ben piantati per terra significa essere in "*grounding*", cioè riuscire ad essere consapevoli di sé stessi nel momento presente, sentirsi ben radicati nelle gambe e psicologicamente avere un Io ben strutturato e allo stesso tempo flessibile e adattabile alla vita. In effetti questa espressione metaforica designa anche un atteggiamento posturale e psico-corporeo, un modo di essere che diviene un tratto del carattere della persona.

Al contrario "avere la testa tra le nuvole" è un'espressione che si riferisce ad una persona in cui l'elemento aria è in eccesso, per cui è impegnata cognitivamente in qualcos'altro rispetto a ciò che avviene nel presente. Magari la persona si lascia andare ai suoi sogni, ai ricordi del passato o alle aspettative del futuro. Questo stato sognante è uno stato di scissione mente-corpo: la persona con la testa tra le nuvole non è radicata nella realtà fisica del proprio corpo e non è consapevole di ciò che le sta intorno. In questo caso la terapia individuale o l'esperienza del gruppo sono d'aiuto nel riportare la persona in contatto con sé stessa e con la realtà, rafforzando l'Io e consentendo una maggiore possibilità di espressione delle proprie emozioni in maniera integrata e consona al contesto. Questo obiettivo passa attraverso una sorta di "scongelamento" dei blocchi corporei e psicologici.

In questo caso proporre, a livello di movimento corporeo, delle danze di terra accompagnate da musiche ritmiche, può aiutare a trovare questo radicamento che è carente.

E' necessario danzare ognuno dei quattro elementi e descrivere, a livello fenomenologico e attraverso l'osservazione visiva, l'intensità con la quale ci si esprime in ognuno degli elementi. E' da considerare che tale ricognizione possiede fattori di probabilità accettabili, dovuta al fatto che i quattro elementi non costituiscono un modello di similitudine ma di coerenza, e pertanto la nostra risonanza con gli stessi non è uno specchio, ma proviene dagli strati profondi dello psichismo.

A conclusione di questa analisi vorrei proporre il tetragramma dei quattro elementi da utilizzare come autodiagnosi e che ho usato per l'esperienza pratica che mi accingo a descrivere. Ho invitato ciascun partecipante, prima di iniziare l'esperienza, a collocarsi all'interno del tetragramma in riferimento al proprio vissuto interiore rispetto agli elementi, tracciando un punto sul foglio con una penna.

IL TETRAGRAMMA DEI QUATTRO ELEMENTI

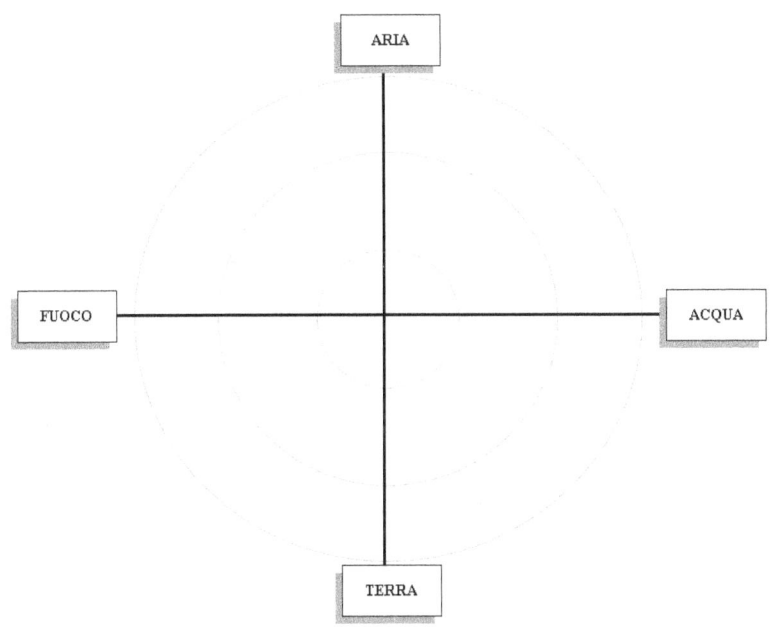

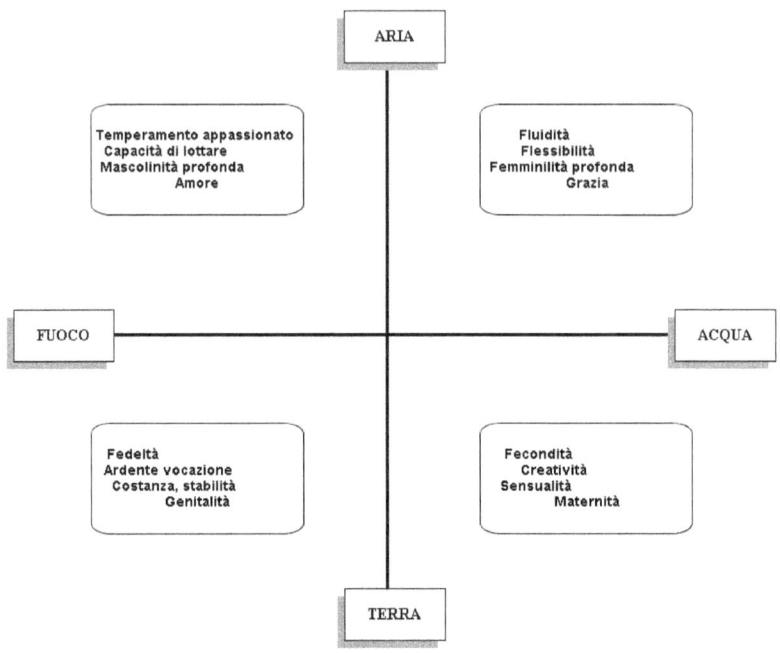

Griglia di analisi del tetragramma dei quattro elementi

L'esperienza si è svolta a Mestre (Venezia) nel mese di marzo 2007, all'interno di un gruppo, composto mediamente da circa 15 persone, che si riunisce una sera alla settimana per una sessione di Biointegrazione della durata di circa due ore.

Gli obiettivi generali che mi sono proposto attraverso il lavoro con la musica ed il movimento erano:

- Stimolare l'autoregolazione organica (azione-riposo).
- Migliorare la coordinazione neuro-motoria.
- Sciogliere le tensioni muscolari ed integrare l'espressione corporea.
- Migliorare l'orientamento spazio-temporale.
- Percepire lo spazio tra sé ed il compagno.

- Conoscere le proprie potenzialità affettive e comunicative.
- Conoscere i propri limiti per accettarli e superarli.
- Imparare ad ascoltarsi ed ascoltare gli altri, per vivere insieme in armonia.
- Attenuare le inibizioni e superare gli stereotipi.
- Migliorare la percezione del sé.
- Integrazione complessiva a livello psico-corporeo.

A questi obiettivi generali ho affiancato l'obiettivo specifico di sperimentare durante quattro incontri consecutivi esperienze corporee e motorie, emozioni e vissuti interiori legati ai quattro elementi.

Esercizio	Titolo brano musicale	autore
Ronda Vertiginosa	Caldeira	Milton Nascimiento
Camminata con determinazione	End title - Blade Runner	Vangelis
Salto sinergico allegro	La vie en rose	Grace Jones
Forrò	Feira de mangaio	Sivuca
Danza di fuoco	Viento del arena	Gipsy Kings
Camminata con dislocamento (terra e fuoco)	Feeling Love	Paula Cole
Danza espressiva	What's a difference a day	Aretha

	made	Franklin
Posizione generatrice: evocazione e liberazione dell'energia interna	Largo, Conc. n.7	Antonio Vivaldi
Ronda di culla	La Memoire d' Abraham	Celine Dion
Incontri	Nobody does it better	Carly Simon
Ronda di sguardi	Aquarela	Toquinho
Ronda finale allegra armonica	Bamba	Nana Mouskouri

Presento qui sopra a titolo esemplificativo la scaletta della serata che ho dedicato al fuoco.

Gli esercizi che sono stati realizzati presentavano:
- movimenti di recupero del camminare fisiologico;
- movimenti di rafforzamento della sinergia (intesa in questo ambito come coordinazione ed integrazione motoria);
- danze ritmiche e danze con variazioni ritmiche;
- danze di coordinazione e sincronizzazione ritmica in coppia;
- esercizi di incontro e comunicazione affettiva;
- esercizi di sviluppo del potenziale creativo.

Nella prima parte della serata, si sono sperimentati esercizi, emozioni, attività psico-corporee sia a livello individuale, che a coppia ed in gruppo ed ognuno ha partecipato, nell'ascolto di sé e nell'empatia con l'altro. Si possono definire queste come danze "ergotropiche" perchè , pur consentendo una esplorazione delle proprie strutture profonde, risvegliano le sorgenti ritmiche delle nostre pulsioni, mettendole in scena in modo simbolico, mobilitandole e canalizzandole.

Attraverso esercizi-ponte i partecipanti sono passati poi ad un'altra modalità più "regressiva" (con esercizi e danze che si possono chiamare "trofotropiche") in cui la consegna è stata di porre in primo piano le proprie "sensazioni corporee" e "vissuti emozionali" ad essi legati che in tal modo diventano "figura", su cui poi collocare la propria interazione con gli altri, nello "sfondo" del gruppo.

Il lavoro è stato calibrato sull'individuo ed ha mirato al rafforzamento delle parti (in questo caso dell'elemento) più compromesso nel vissuto del corpo.

A conclusione dell'esperienza i partecipanti sono stati invitati a comporre una poesia relativa a ciò che avevano vissuto durante la serata e che per motivi di praticità legati all'ora tarda ognuno ha realizzato in seguito nella propria abitazione; tale poesia sarebbe stata letta al gruppo all'inizio dell'incontro della settimana successiva.

Riporto a titolo esemplificativo di una integrazione efficace, la poesia composta da una partecipante di nome Michela:

FUOCO

Il fuoco, luce in movimento,
fuoco che brucia per donarci nuova vita.
Fuoco che scotta per farci sentire,
fiamma che colora la nostra esistenza.
Fuoco di passione che regala grandi emozioni

che dà vita ai sentimenti più profondi, ai nostri sogni. Fuoco luce del mondo.

Conclusioni

Una delle cose che mi ha da sempre molto colpito è l'attenzione dedicata da giornali, riviste, radio e televisione agli oroscopi. Il fatto di guardare con occhio critico al comportamento dei cosiddetti *mass media*, non è in grado di fornire una spiegazione esaustiva del fenomeno, peraltro rinforzato dal massiccio ricorso da parte di molti individui a maghi, fattucchiere, indovini... e all'astrologia, salvo poi negare la cosa se interrogati in merito, provandone quasi vergogna.

L'interesse del vasto pubblico per l'argomento è testimoniato da trasmissioni dedicate agli oroscopi anche nelle più "importanti" emittenti televisive. Rubriche sull'argomento vi sono anche in riviste considerate "serie". Per non parlare dei personaggi che in pubblico e in privato conducono assurde conversazioni sul tema *"Di che segno sei?"*. È facile indovinare la risposta di editori, direttori, redattori, autori e conduttori di programmi: *"Questo il pubblico vuole e questo gli dobbiamo dare"*. Ma non è l'unica spiegazione accettabile, dovendo a mio avviso ricercare soprattutto nelle immagini simboliche del profondo, che sono il vero motore che alimenta l'interesse del vasto pubblico.

Non dico che sia il caso di mettere negli oroscopi un avviso come quelli sui pacchetti di sigarette: *"È scientificamente insostenibile e può nuocere alla salute mentale"*. Sarebbe inutile e potrebbe avere l'effetto contrario. Peraltro vi sono psicologi che non disdegnano di gestire numeri a pagamento per dare consigli astrologici.

Naturalmente l'astrologia è solo un esempio. Ci sono tante, troppe cose in cui abbiamo l'abitudine di credere, o a cui ci piace credere per un'infinità di motivi, dal desiderio di

61

illuderci alla tentazione di dar forma alle nostre immagini oniriche.

Anche se siamo di fronte ad una vera superstizione di massa e le prove sperimentali condotte in tutto il mondo dimostrano che le correlazioni tra i caratteri e le costellazioni sono inesistenti, è incredibile quante persone, che non sono né sciocche né ignoranti, riescano a "credere" nelle cose più assurde e bizzarre, senza chiedersi quale ne possa essere l'origine.

Non intendo qui approfondire la validità o meno dell'ipotesi legata alle previsioni astrologiche ma solo evidenziare come questo bisogno sia profondo e risieda nello psichismo arcaico dell'essere umano.

Peraltro nel suo saggio "Sulla sincronicità", Jung sostiene che alla base delle diverse forme di divinazione vi è un'unica legge, fino a quel momento sconosciuta, che poteva consentire di superare il meccanicismo del diffuso e accettato principio scientifico di "causa ed effetto". Egli afferma che non tutti i fenomeni connessi hanno un rapporto per il quale uno è causa dell'altro. Due fenomeni possono, invece, essere in relazione di "significato", non causale, e di "sincronicità". (C. G. Jung, *La sincronicità*).

Ma C.G. Jung ha anche gettato le basi ad una comprensione moderna dei "temperamenti" sviluppando un sistema di tipologie nel quale gli elementi corrispondono alle quattro funzioni di base della psiche. Jung introdusse una struttura quaternaria che paragonò ad un mandala. Pensò ai quattro punti cardinali, alle quattro tipologie umane individuate dai Greci: i collerici, i flemmatici, i melanconici, i sanguigni. Pensò alle quattro stagioni che si basano su quattro qualità: freddo, caldo, secco, umido. Pensò alla natura nei suoi quattro elementi: fuoco, terra, aria, acqua. Ipotizzò quindi che anche la

psiche possedesse una struttura quaternaria. Nacque così la teoria delle quattro funzioni legate ai tipi psicologici:
1) pensiero e sentimento.
Sono funzioni razionali influenzate dalla riflessione e sottoposte alla legge della ragione: il pensare esclude tutto ciò che è fuori dalla ragione. Il sentire, invece, parte dal presupposto di dare un valore ad ogni contenuto psichico. In questo caso opera pienamente il "giudizio" che mira ad accettare o ad escludere i contenuti in questione.
2) intuizione e sensazione.
Sono funzioni irrazionali, o meglio extra-razionali, che rientrano nell'ambito di tutto ciò che non può essere fondato sulla ragione; esse raggiungono la loro perfezione nella "percezione assoluta" che manca totalmente di indizi razionali. La sensazione è la funzione che trasmette uno stimolo fisico alla percezione e che si configura come percezione cosciente. L'intuizione è la funzione che trasmette la percezione per via inconscia; è una sorta di percezione istintiva che, anche se non suffragata dai dati cosiddetti reali, ha una sua dimensione di sicurezza e di certezza.
Per Jung è impossibile sviluppare tutte quattro le funzioni. E' quindi inevitabile che una o più di queste rimangano scarsamente sviluppate e che una di esse prevalga sulle altre orientando il modo di percepire della coscienza. (C. G. Jung, *Che cosa sono i mandala*).
Ma torniamo all'argomento da cui sono partito e cioè l'analisi dei significati simbolici legati all'oroscopo.
I segni astrologici sono associati a determinate costellazioni astronomiche e, nel nostro Zodiaco, i segni non sono altro che una misura circolare, distribuiti su una scala a 360 gradi. Ognuna delle dodici sezioni di questa misurazione circolare ha determinate caratteristiche, basate

su qualità associate ai quattro elementi: fuoco, aria, acqua e terra. Secondo le teorie divinatorie legate all'oroscopo, quando applichiamo questo sistema alla personalità, gli elementi rappresentano determinati tratti fondamentali e indicano un certo "temperamento". Questo varia a seconda degli elementi materiali presenti nell'oroscopo, che possono essere considerati come i quattro principi vitali di base della vita e che pertanto risuonano profondamente dentro di noi, ad un livello archetipico profondo. L'enfasi o la mancanza nella stessa degli elementi, in un oroscopo individuale, rivelerebbero così aspetti fondamentali della personalità.

Le ricerche sul simbolismo archetipico dei quattro elementi realizzata da Gaston Bachelard e Carl Gustav Jung permettono un approccio di straordinario interesse in relazione alla definizione dell'identità delle persone, in grado di spiegare anche questo diffuso interesse per gli oroscopi.

"Lo zodiaco è il test di Rorschach dell'umanità bambina" scrive efficacemente Bachelard in Psicanalisi dell'aria (G. Bachelard, *Psicanalisi dell'aria*, p.188).

Lo studio dei quattro elementi presenti nelle persone ci permette una descrizione efficace del carattere delle stesse, attraverso la conoscenza degli elementi predominanti e di quelli di cui sono carenti.

Ogni persona ha componenti, a livello del simbolismo personale ed archetipico inconscio, riconducibili ai quattro elementi, ciascuna in proporzioni differenti. Le maggiori difficoltà a livello esistenziale si generano quando qualcuno degli elementi non riesce a manifestarsi.

Ad esempio i problemi affettivi ed erotici possono essere attribuiti alla mancanza dell'elemento fuoco nella composizione dell'identità della persona.

Oppure altre persone sono carenti dell'elemento acqua e per questo non riescono a dissolvere le difficoltà: sono carenti di fluidità e sensibilità nell'adattamento. Le persone in cui prevale l'elemento terra sono invece realistiche e pratiche, ma la loro personalità è pesante, manca loro la leggerezza interiore.

C.G. Jung e G. Bachelard hanno anche riscattato le immagini archetipiche del processo alchemico, profondamente ancorate anche nella memoria dell'uomo moderno. (C. G. Jung, *Psicologia e alchimia*)

La grande opera alchemica si realizza nelle persone attraverso un processo di integrazione nel quale partecipa il qui ed ora, la cenestesia, il corporeo in senso lato e l'elaborazione inconscia degli archetipi, nell'attivazione anche a livello organico di tutto l'individuo.

Vorrei fare una riflessione collegandomi all'ultimo Festival di San Remo 2007: abbiamo visto un bravissimo cantante, Simone Cristicchi, vincere il Festival con la canzone "Ti regalerò una rosa", che narra la storia di Antonio, un malato mentale. Cristicchi ha concluso la sua esibizione al teatro Ariston di San Remo salendo su una sedia di legno e mimando, aprendo le braccia, il volo di un uccello. Il brano di Cristicchi, che è stato definito dalla critica come impegnato nel denunciare il problema del disagio mentale, ci parla di Antonio che sale sul tetto del manicomio e nell'ultima rima della canzone ripete "Sorprenditi di nuovo perché Antonio sa volare". Ma perché le giurie popolari hanno premiato in larga misura questo cantante ed il suo brano musicale? Io non credo che l'unica ragione sia da ricercarsi nel fatto che Cristicchi è bravo e che il brano intende evidenziare l'attenzione dell'opinione pubblica attorno su un problema scottante come quello dei manicomi e del disagio mentale.

Ritengo vi siamo motivi molto più profondi che hanno determinato la scelta delle giurie e cioè che quella del volo sia una immagine onirica archetipica presente in ogni essere umano che Cristicchi ha saputo evocare con indubbia maestria, suscitando un unanime rispecchiamento psichico profondo tra i membri delle giurie.

Attraverso la *rêverie* del volo continua in noi durante il giorno l'esperienza della notte. Il sogno del volo, al di là del movimento immaginato, rivela un aspetto profondo ed intimo del nostro psichismo che va oltre il significato sessuale e "libidinoso" proposto dalla psicanalisi freudiana. E' l'aspetto che contrappone la leggerezza alla pesantezza: l'aspirazione ad elevarsi verso una dimensione più sottile e leggera, al di là della pesantezza della materia fisica e della carne. Bachelard attua una minuziosa ed attenta analisi di questa immagine del profondo attraverso vari poeti, scrittori, filosofi e le loro opere letterarie. Evidenzia come nel sogno del volo vi sia una tensione, quella dello slancio interiore per cui siamo pronti, come uccelli, a spiccare il volo (G. Bachelard, *Psicanalisi dell'aria*, p. 42). Ma "la freccia umana non vive solo il suo slancio, vive anche il suo bersaglio. Vive il suo cielo. Nel prendere coscienza della propria forza ascensionale, l'essere umano prende coscienza di tutto il suo destino". (G. Bachelard, *Psicanalisi dell'aria*, p. 49)

La difficoltà maggiore fino ad oggi è stata quella di trovare dei metodi operativi capace di trasformare l'anima ed il corpo, oltre la semplice mediazione dei simboli.

Intendo analizzare ora gli stimoli forniti in tal senso da Bachelard.

Come già visto egli sottolinea che prima del pensiero vi è il sogno, prima delle idee vi sono le immagini: l'uomo è un essere che non solo pensa ma soprattutto immagina. Inoltre per Bacherlard una visione completa dello psichismo umano dovrà sintetizzare l'essere diurno e l'essere notturno, il pensiero razionale e l'immaginario simbolico. Tutti noi sappiamo che i nostri vissuti diurni si ricompongono durante il sogno della notte, ed a volte anche nei vissuti diurni in alcuni attimi siamo trascinati improvvisamente in una *rêverie* simile ai sogni della notte. Bachelard in una *causerie* (conferenza) tenuta il 19 gennaio 1954 all'emittente radiofonica francese France Culture e dal significativo titolo di *"Dormeurs eveilles"* parla appunto dei sognatori lucidi, capaci di attuare la sintesi tra i valori notturni e quelli diurni dell'animo umano attraverso la *rêverie* lucida. (G. Bachelard, *Causeries*, pp. 91-111).

Il sognatore lucido realizza una sintesi tra riflessione ed immaginazione, tra pensiero razionale ed immagini che si generano nel sogno.

Bachelard giungerà anche a definire questo sognatore lucido, sostenendo che tale sintesi provoca nell'essere umano l'emergere della sua coscienza di poeta. Secondo Bachelard, il poeta, riprendendo la definizione che ne dà Paul Eluard "è colui che ispira, colui che ci trasmette l'esatta energia dell'immaginazione, aiutandoci a soddisfare quel bisogno di poesia che è insito nel cuore dell'uomo". (G. Bachelard, *Causeries*, p. 95).

E qui Bachelard solleva la sua critica alla psicanalisi che studia solo i ricordi notturni, si accontenta di analizzare l'immaginazione "in differita". Bachelard propone invece la sintesi tra il diurno ed il notturno, tra il pensiero e il sogno che avviene nel *dormeur éveillé* che parla il linguaggio delle origini, nell'unità di grandezza e semplicità.

L'opera di Gaston Bachelard è ricca di suggestioni e direzioni, sempre intersecata dall'intelligenza, dalla sensibilità, un raro matrimonio di spirito geometrico e spirito di leggerezza che troviamo nelle sue opere e nelle sue riflessioni sui sogni e le loro immagini riflesse dai quattro elementi.

È necessario mettere in rilievo, perciò, il suo inestimabile contributo allo studio del simbolico e dell'immaginario.

Bibliografia

Bachelard, G., 1938, *La formation de l'esprit scientifique*, Paris, Librairie Philosophique J. Vrin, trad. it. 1995, *La formazione dello spirito scientifico*, Milano, Raffaello Cortina.

Bachelard, G., 1938, *La psychanalyse du feu*, Paris, Gallimard; trad. it. 1973, *L'intuizione dell'istante. La psicoanalisi del fuoco*, Bari, Dedalo.

Bachelard, G., 1942, *L'eau et les rêves*, Paris, José Corti; trad. it. 2006, *Psicanalisi delle acque*, Milano, Red.

Bachelard, G., 1943, *L'air et les songes*, Paris, José Corti; trad. it. 1997, *Psicanalisi dell'aria*, Como, Red.

Bachelard, G., 1948a, *La terre et les rêveries de la volonté. Essai sur l'imagination de la matière*, Paris, José Corti; trad. it. 1989, *La terra e le forze: le immagini della volontà*, Como, Red.

Bachelard, G., 1948b, *La terre et les rêveries du repos. Essai sur l'image de l'intimité*; trad. it. 1994, *La terra e il riposo. Le immagini dell'intimità*, Como, Red.

Bachelard, G., 1952-54, *Causeries*, trad. it. 2005, a cura di V. Chiore, *Causeries*, Il Melangolo, Genova.

Bachelard, G., 1957, *La poétique de l'espace*, Paris, PUF; trad. it. 1975, *La poetica dello spazio*, Bari, Dedalo.

Bachelard, G., 1960, *La poétique de la rêverie*, Paris, PUF; trad. it. 1984, *La poetica della rêverie*, Bari, Dedalo.

Bachelard, G., 1961, *La flamme d'une chandelle*, Paris, PUF; trad. it. 1981, *La fiamma di una candela*, Roma, Editori Riuniti.

Bachelard, G., 1970, *Le droit de rêver*, Paris, PUF; trad. it. 1975, *Il diritto di sognare*, Bari, Dedalo.

Desoille R., 1961, *Théorie et pratique du Rêve-Eveillé Dirigé*; trad. it. 1974, *Teoria e pratica del Sogno da svegli guidato*, Roma, Casa Editrice Astrolabio.

Diels H. e Kranz W., 1954, *Die fragmente der Vorsokratiker*, Berlino, Weidman.

Durand, G., 1953, *Psychanalyse de la neige*, Paris, Mercure de France.

Durand, G., 1960, *Les structures anthropologiques de l'imaginaire*, Grenoble, Allier; trad. it. 1972, *Le strutture antropologiche dell'immaginario*, Bari, Dedalo.

Empedocle di Agrigento, a cura di A. Tonelli, *Frammenti e testimonianze*, Milano, Bompiani, 2002.

Freud S., 1915, *Introduzione alla psicoanalisi*,trad. it. 1976, Opere complete, Torino, Boringhieri.

Gabbard G.O., 2005, *Psychodynamic Psychiatry in Clinical Practice: Fourth Edition*, Arlington, VA:

American Psychiatric Publishing, trad. it. 2007, *Psichiatria psicodinamica*, Milano, Raffaello Cortina Editore.

Giannantoni, G., 1979, a cura di, *I Presocratici. Testimonianze e Frammenti*, Roma-Bari, 1993, Biblioteca Universale Laterza.

Heidegger M., 1927, *Sein und Zeit*, Tübingen, Max Niemeyer; trad. it. 1976, *Essere e tempo*, Milano, Longanesi.

Jung C. G., 1935, *Über die Archetypen des kollektiven Unbewussten*, in *Eranos-Jahrbuch 1934*, Zurigo, trad. it. 1980, a cura di Elena Schanzer, *Gli archetipi dell'inconscio collettivo*, in Carl G. Jung, *Opere*, vol. IX*, Torino, Bollati Boringhieri.

Jung C. G., 1936, *Über den Archetypus mit besonderer Berücksichtigung des Animabegriffes*, in *Zentralblatt für Psychotherapie und ihre Grenzgebiete*, vol. 9 N. 5, 259-75, Lipsia; trad. it. 1980, a cura di Lisa Baruffi, *Sull'archetipo, con particolar riguardo al concetto di Anima*, in Carl G. Jung, *Opere*, vol. IX*, Torino, Boringhieri.

Jung. C.G., 1939, *Die psychologischen Aspekte des Mutterarchetypus*, in *Eranos-Jahrbuch 1938*, Zurigo, , trad. it. 1980, a cura di Lisa Baruffi, *Gli aspetti psicologici dell'archetipo della Madre*, in Carl G. Jung, *Opere,* vol. IX*, Torino, Boringhieri.

Jung C. G., 1944, *Psychologie und Alchimie*, Walter Verlag, Olten, trad. it. 1992, a cura di Roberto Balzen, interamente riveduta da Lisa Baruffi, *Psicologia e alchimia*, in Carl G. Jung,

Jung C. G., 1952, *Synchronizität als ein Prinzip akausaler Zusammenhänge*, Zürich, Rascher; trad. it. 1952, *La sincronicità*, Torino, Bollati Boringhieri.

Jung. C. G., 1955, *"Mandalas"*, in *Du, Schweizerische Monatsschrift*, Zurigo, vol. 15, N.4, 16-21, trad. it. 1980, a cura di Lisa Baruffi, *Che cosa sono i mandala* in Carl G. Jung, *Opere*, vol. IX*, Torino, Boringhieri.